軽部謙介
Kensuke Karube

ドキュメント 強権の経済政策

——官僚たちのアベノミクス2

岩波新書
1833

はじめに

アベノミクスの誕生からずいぶんと時が流れた。

前作『官僚たちのアベノミクス』(岩波新書、二〇一八年)では、安倍晋三という政治家の個人名に由来するこの経済政策が、どのようなプロセスで形成されたのかを中心に、二〇一三年央までの展開を検証。「異次元緩和」と称する金融政策を前面に押し出したことを受けて、「異形」という形容を付した。

その後、アベノミクスは様々な変遷を経て、「異形」の度合いは大きくなっているように見える。であればこそ、前作で対象とした期間以降の政策立案過程や前作で漏れてしまったテーマを吟味してみることにも意味があるのではないか。そんな思いが膨らんできた。

本来は民間の営為である賃上げがどのような経緯で政府の政策課題になり、なぜ「官製春闘」と呼ばれるような形になったのか。官僚人事の掌握はどんなプロセスで進んだのか。日本銀行の金融政策はなぜ非日常の度合いを強めたのか——。これらをレビューしていくことは、この報告を前作の続編と位置付ける作業にもつながる。

アベノミクスは当初、政権復帰を果たした安倍や自民党の「政治的スローガン」という色彩も強かった。しかし、スタートからすでにかなりの時間が経ち、様々な政策に落とし込まれている以上、どのような性格を有していたのかをおさえておくことが必要だ。

この政権では国家のパワーを前面に押し出す場面が数多く見受けられる。同時に安倍は、「岩盤規制を打ち破る」という新自由主義的な発想に親和性の強いフレーズを繰り返す。一体どちらを向いていたのか。事実をもとに考えてみたい。

もう一つ。アベノミクスの実施期間は、「官邸一強」と形容される統治形態への移行の中で過ぎていった。

この変化は政策の立案主体に大きな影響を与えている。とりわけ財務省と日銀だ。戦後のマクロ経済政策を支えたこの二つの組織は、アベノミクスの様々な摩擦を抱え込んだ。「官邸一強」の確立という権力構造の変化が、経済政策立案にどのような影響を与えたのかも、一つずつのファクトを通じて検証しておくべきだろう。

ところで、二〇二〇年に入り世界が直面した新型コロナウイルスの感染拡大という事態は日本にも暗い影を落とした。一二年末の再登板以降の株価上昇、失業率や有効求人倍率の改善などを強調しながら、安倍は――それが一部「統計偽装」を伴うものであったとしても――自らの業績を誇ってきた。しかし、新型コロナの感染拡大という事態を受けて、株価は崩れ、労働市場の環境は悪化している。経済に急ブレーキがかかっている中で「アベノミクスの検証どころではない」というムードが広がったとしても不思議ではない。

しかし、すべての出来事が連続線の中に位置付けられるのが歴史であるとすれば、コロナ禍に直面した日本の統治機構や経済状況は、この報告で検証する政策展開の到達点に位置する。今後「ポスト・コロナ」の議論が盛り上がることも予想されるが、それとて「コロナ以前」の姿を前提にしなければ始まらない。

例えば、意思決定のあり方だ。「一強」と呼ばれてきた首相は、専門家や各省庁の意見を聴かないまま、「全国小中高校の一斉休校」や「マスク二枚の配布」を打ち出した。しかし、「各世帯に三〇万円」と閣議決定された補正予算案は、「一人当たり一律一〇万円」に変更されるという異例の事態となったし、世論の強い反発を受けた検察庁法改正案は早期成立が見送られた。権力構造に変化がみられるのか非常に興味深い。ただ、その検証作業に着手する場合でも、「一強」が固まっていく過程で政策現場に何が起こっていたのかをおさえておくことは必要だろう。

そうすることにより、アベノミクスを「二〇一〇年代の経済政策」として、その決まり様について事実をもって歴史にレジスター(登録)することを試みた今回の検証作業の意味はより明確になる。アベノミクスをコロナ禍の陰に隠してはならない。

もうひとつ、以前から指摘されてきた「公文書に対する意識の低さ」がこの政権では極まった観がある。財務省や経済産業省で発生した公文書改竄の実態をみるにつけ、その原因究明とともに、様々な政策プロセスについて当面は別の回路により記録する重要性を痛感する。それはジャーナリズムの仕事なのだろう。

それらの問題意識を念頭に置きながら、前作以降、つまり「その後のアベノミクス」の軌跡をたどったのがこの報告だ。今回も政策そのものの評価について検討を加えるのではなく、ジャーナリズムの原点である「何があったのか」に焦点を当てた。

延べにして一五〇〇人を超える方々へのインタビュー、公文書、議事録、メモ、日記、備忘録などをソースとし、「首相動静」をはじめとする新聞報道も活用している。登場人物の肩書は当時のものであり、敬称は略させていただいた。情報源秘匿の必要性から、記述の根拠について詳細を記していない部分もある。事情ご賢察の上、ご寛恕願いたい。

この報告がアベノミクスを考える上での一助になれば望外の幸いである。

目　次

目次

プロローグ

プリンス動く

二〇一七年一二月一九日のことだった。

場所は都内のホテルだったと関係者はいう。

向き合ったのは老齢の紳士二人。

一人は麻生太郎。首相まで務めた政治家は一二年一二月の安倍晋三政権発足とともに、財務相に就任した。それから五年。このころは、連日報道される学校法人森友学園の問題で答弁を迫られることが多かったが、周囲から見ると淡々と日常をこなしていた。

もう一人は福井俊彦。白髪の老人はこのときすでに八二歳。若かりしころから日銀の中で「将来は総裁」と評価された逸材で、実際、〇三年には第二九代総裁に就任し日本の金融政策のかじ取りを任せられた。資産運用のスキャンダルで批判されたが、最終的には任期を全うし、日銀OB会組織の会長を務めていた。

この時、次期日銀総裁を誰にするのかという議論が進んでいた。実際に決定に関与する当局者はひそやかに、外野席に座る人々は公然と、あれこれ論じていたのだ。

一三年の就任から五年。黒田東彦《はるひこ》総裁の任期は間もなく終わる。一二年末の政権復帰時に「デフレ脱却」を目指すとして首相の安倍が打ち上げた「三本の矢」。その中核的位置を占める「大胆な金融政策」の責任者として、就任時に物価上昇率を二年で二%にしてみせると見得を切った総裁の、「その次」をどうするのか。黒田の留任か、あるいは新しい誰かを据えるのか。すでにメディアでは様々な月旦がかまびすしかった。

また副総裁の人事も考えねばならない。黒田と同時に就任したのは、学習院大学教授からの転身となった岩田規久男と、日銀理事から昇格した中曽宏の二人。麻生と福井の会話のテーマは、まさに次期総裁・副総裁を誰にするのかという内容だった。

黒田の任期は一八年の四月までだが、任命権者である首相は五年前と同じだ。「アベノミクス」という経済政策を打ち上げた政治家は、まだ官邸執務室の椅子に座っている。「デフレを退治できるのは金融政策だ」との理屈で、「二%の物価目標を設定して大胆な緩和を行う」などという公約を掲げて一二年の総選挙を戦い大勝し、民主党から政権を奪還した安倍は、その直後の一三年一月、時の日銀総裁だった白川方明《まさあき》を押し切り、前代未聞の日銀と政府による「共同声明」を発表。その後三月に黒田を白川の後任に据えた。

「デフレ脱却と持続的な経済成長の実現のための政府・日本銀行の政策連携について」と名付けられた共同声明で、日銀は初めて物価目標(インフレターゲット)を認め、「できるだけ早期に」消費者物価二％上昇実現を目指すとする一方、政府は規制緩和などの経済構造改革に取り組むとともに、「持続可能な財政構造を確立するための取組を着実に推進する」とされた。

しかし、結局物価上昇率は二％に遠く及ばず、麻生・福井の話し合いがもたれたころも〇・五％程度で低迷していた。ただ、アベノミクス開始以降、円安、株高に支えられて企業業績は好転。雇用は回復の兆しを見せ、国会などで成果を問われれば安倍は「雇用は二〇〇万人増加した」などと胸を張っていた。

肝心の二％は達成できていないが、大規模緩和により円安、株高を生み出すなど、政権から見れば黒田は「武功大なり」とも言える。

ただ、黒田の総裁就任で、日銀の中には、ひび割れが見え始めていた。

例えば、年に二回開かれる日銀のＯＢ会。そこには現役の幹部たちも出席するのだが、あるとき、副総裁の岩田規久男は「大学のゼミの先輩」と称する元日銀マン数人に囲まれこんな嫌味を言われたという。

「よくこんなところに顔を出せますね」

岩田は黒田とともに一三年春に日銀入りした。経済学者で「デフレは貨幣的現象」という「リフレ派」の教祖的な存在だ。リフレ派はこれまで徹底的に「日銀は何もしていない」と批判を繰り返してきた。伝統的な考え方をもつ日銀OBたちにとってリフレ派は許しがたい存在だった。

この一件以降、岩田はOB会への出席をやめた。

また別の現役幹部はあるOBから面と向かってこう言われた。

「君たちは進駐軍につくのか」

「日銀と言っても、誰が日銀なのかという問題がある。もちろん狭義の日銀は黒田総裁以下現役の諸君で構成される。しかし広義の日銀はわれわれOBも含んだ概念上の組織としての日銀だ」

あるOBの弁だが、古い組織に見られがちな引退した有力者が力をもつという風潮がゼロではなかった。

「広義の日銀」の代表は、OB会組織である「旧友会」会長の福井だった。

彼らは、黒田がこの五年間で行ったことは伝統的な金融政策を大きく逸脱していると考えていた。「二年二％」という物価目標の設定もそうだし、マイナス金利導入を経て、それまで日銀自身が「絶対にできない」としていた長期金利のコントロールにまで手を出している。

そしてそのツケとして、日銀の資産は急激に膨らみ、国債発行残高の半分近くを中央銀行が保有するという深刻な事態になっていた。市場の反応を考えれば、これを一気に正すことは不可能に近い。しかし、黒田を交代させ、正常化への一歩をしるしておくことは重要だ。その場合は日銀出身の副総裁である中曽の昇格が適当だ。黒田が留任したとしても――むしろその可能性が高いと彼らも判断していたが――、OBの間からも比較的信頼の厚い副総裁の中曽を残留させることで次につなげたい。

「広義の日銀」の幹部たちはこう考えていた。

そのためには、この考えを政権の中枢に直接伝える必要がある。首相の安倍に影響力があり、かつ話の分かってくれそうな人物として財務相の麻生が浮上してきた。しかも財務省は法律的に日銀の監督官庁でもある。

麻生・福井会談をセットするために、ある有力OBが自らの人脈で麻生側近に働き掛けを行うなど、この会談には「広義の日銀」を挙げての公的な色合いがにじみ出ていた。

福井が麻生に対峙するとき、そして日銀総裁人事を話題にするとき、当然それは「広義の日銀」を代表する形での発言だった。

二人の会話の中で、福井はこういう趣旨の話を麻生にした。

「中曽君は市場のことがよく分かっているし、出口戦略が描ける人間だ。それに抜群の国際的人脈がある」

そして、福井は「市場を理解している」「国際的人脈がある」という長所を、「トップになるのであればこういう属性も生きてくるだろう」という文脈に位置づけた。

——もし黒田さんが留任する場合は、中曽副総裁も留任という方向でお願いしたい。もし黒田退任なら中曽総裁でも能力的には十分に可能だ——。

麻生は即座に「福井はこう言っている」と理解したようだと、この会談のことを知る官僚は観察していた。

もし、中曽が退任した場合、理事の雨宮正佳《まさよし》が副総裁に昇格するだろうと予想されていたが、これにはOBたちの反発が予想された。

例えば、雨宮はその年の一月の講演でこう述べていた。

「短期金利のコントロールを起点とする金融政策の枠組みは、確立してからわずか二〇年程度しか経過していないにもかかわらず、伝統的金融政策と呼ばれるようになりました」

この前の年、日銀はそれまで自分たちで「絶対にできない」としていた長期金利の誘導に乗り出していた。金融政策の世界では一八〇度の転換だった。「雨宮君の言っていることは海外の経済学のトレンドを反映したものだ」との指摘もあったが、短期金利の操作を軸とする「伝統的金融政策」で育ってきたOBたちの中には自分たちの実績を全否定されているように感じる者もいた。ある有力OBは「お前たちがやってきたことは意味がなかったんだと言われているような気がして、雨宮君はまた敵を作ったと思った」と話す。

黒田日銀が実施していることを邪道だと考え、伝統的な金融政策の展開を期待しているOBは少なくない。彼らからしてみれば、雨宮は黒田の黒子として「異次元緩和」を支え続けている。そんな雨宮の姿勢を批判するOBの声は様々なところから聞こえてきていた。

福井は周囲に対して「雨宮君はまだ修行が足りない」という言い方で、副総裁就任に反対の考えをにじませた。

通常の企業でいえば役員に該当する理事として黒田を支える雨宮は、早くから総裁候補と言われていた。

日銀には毎年数十人の学生が「幹部候補生」として入行する。しばらくすると、「これは」という数人に絞られ、さらに何年かに一人は「総裁候補」と言われる日銀マンが生まれていた。バブル退治で「平成の鬼平」と呼ばれた三重野康《やすし》や、麻生と会談した福井も、若いころから「プリンス」として帝王学を学びながら出世の階段を駆け上がった。雨宮もそんなリストに載った一人だった。

言質をとらせるような発言を避け、財務大臣は福井の発言に耳を傾けるだけだった。

この時期に、総裁人事で福井が動くことはリスクを伴っていた。財務省側は福井の発言を「広義の日銀」の意思としてとらえるだろうし、実際そうした。

また、安倍や麻生はひょっとしたらもう人事を決めているかもしれない。そんなときに突撃してもあまり有効な手立てにはならないし、日銀の現役たちにかえって迷惑を及ぼす可能性もなしとはしない。

ただ、福井はあえてリスクをとった。そして周囲にこう説明した。「政策でもなんでも、危険をおかして、相手と話をしなきゃ前に進めない」と。

「再任がだめという規定があるのか」

一方の麻生は福井との会合の内容をごく限られた財務省幹部に伝えた。

彼らはOBながら福井が出てきたという意味をこう解釈した。

「中曽の留任、あわよくば昇格が日銀OBたちの意思だ」

しかし、財務省はすでに中曽副総裁の真意を感じ取っていた。

「彼は辞めたくて仕方ない」と財務省はみていた。「総裁に昇格するとか、留任ということは彼の頭の中にはない」

そしてこれは推測ではなかった。中曽は官房長官の菅義偉《すがよしひで》に辞意を伝えていた。福井・麻生会談よりもずっと前のこと、関係者によると一七年春のことだった。同時に中曽が、自分の後任として理事の雨宮を推したという事実も、財務省はすぐにキャッチしていた。

中曽の周辺や財務省は、中曽が官房長官の菅とよく会っていることを知っていた。より正確に言えば、日銀内で政治とのかかわりが必要になる案件は、ほとんどすべてが中曽の担当とされた。このような役回りを実行できる最高幹部は中曽しかいなかった。黒田では重すぎる。学究肌の岩田にそのような役割は期待できない。

副総裁として日銀内の様々な案件を一手に抱え、海外出張も数多かったものの、中曽もその辺はよく分かっていた。

中曽は副総裁就任直後から官邸とコンタクトを取り始めていた。出向けば目立つので、日銀は都内にいくつかある施設を菅らとの会談に用意した。これらの話し合いを軸に、次第に日銀人事も固まっていく。黒田が総裁留任なのであれば、二つの副総裁ポストのうち、一つを日銀出身者に割り当ててほしいとも中曽は要望した。

日銀というのは巨大な組織だ。職員だけでも五〇〇〇人近くいる。業務も金融政策部門や市場監督部門だけでなく、発券局や決済機構局など地味だが必須のセクションも数ある。

そういう全体像を理解して、日銀内の人事などを実施するには、総裁・副総裁の三人のうち最低一人は日銀出身者が必要だ。

一九九八年の新日銀法施行後、初の総裁となった速水優《まさる》は日銀出身。その下の副総裁には同じく日銀理事からの昇格となった山口泰《ゆたか》がいた。早くから「プリンス」と呼ばれた福井総裁時代は総裁自身が内部の問題を仕切った。そして、白川時代は山口廣秀《ひろひで》が日銀出身の副総裁として白川を支えた。

こうしてみると、三人いる正副総裁のうち、日銀出身者がゼロになったことはない。ただ、念には念を入れておいた方がいい。黒田が留任するにせよ、しないにせよ、中曽が留任するにせよ、退任するにせよ、三人のうち誰かは日銀出身者であるべきだ。そうでないと日常業務をさばけないと、中曽は政府側に要請した。

現職の副総裁が動いて、モノを言えば、それは「組織としての日銀」の意思表示ということになる。従って有力OBたちがいくら中曽の昇格や留任を主張しても、難しいことは見えていた。

そしてそれ以上に、財務省はすでに任命権者たる安倍の腹が固まりつつあるのを察知していた。それが黒田の再任だった。

「二〇一七年の春先だった」と関係者は口をそろえる。

日銀総裁の任期が一年後に迫ってきた。次期総裁人事を詰めねばならない。財務省の関係する幹部たちは麻生の感触を探った。

麻生は他の人物の名を口にすることもあったが、同時に「黒田さんに対する評価は非常に高いものがある」と彼らはみていた。「ここで黒田さんを替えたら、アベノミクスがうまくいっていないということになってしまう」という意見もあった。

「黒田留任という選択肢もありますよ」と財務官僚から示唆された麻生は、一度安倍の感触を探ってみようと官邸にでかけた。

そこで麻生は「黒田さんの再任がだめという規定があるのか」という安倍の質問を受ける。

この情報が伝わってきたとき、関係者たちは「黒田再任」で決まりだと考えた。人事の決定権者が「あいつではだめなのか」と言っているわけだから。もちろんこのことは厳重に秘密保持された。

関係者によると、中曽が菅に辞任を申し出たとき、同時に黒田の留任を要請していた。中曽が自ら副総裁を退く考えを示したのも、黒田留任の環境づくりなのだろうと、この話を耳にした関係者は思った。実際夏の初めに麻生は黒田と会食して、再任の意思を確認している。

また中曽が菅に「副総裁は中曽退任・雨宮昇格でお願いしたい」と要請したことは、政府高官を通じて財務省にも内々に伝えられた。そして夏が過ぎるころ、日銀は正式に、しかし、内密に、監督官庁である財務省に対して同じことを申し出た。特に強い反対もなさそうだった。

官邸でも、財務省でも、日銀でも、黒田再任・中曽退任・雨宮昇格の流れは明確になっていった。そしてそれは福井を頂点とする「広義の日銀」の意思とは明らかに異なるものだった。

姿現すひび割れ

政策展開や管理に長けた政治集団は、今後の予定を読み、何事にも素早く着手する。

自民党総裁に返り咲いた二〇一二年九月以降、安倍とその周辺は、民主党を倒して政権に復帰した場合、こなしておかねばならない政治課題を検討した。日銀総裁人事もその一つ。

金融政策が経済の柱になると見越してのことだ。アベノミクスの「三本の矢」で「大胆な金融政策」が明確に打ち出されるよりも前、何人かの金融専門家から「お説拝聴」と称して意見を聴いたことがあった。

この人物はどのような立ち位置にいるのか、大きな組織を率いていけるだけの能力があるか——。金融理論だけではなくこんなところを見ていたのだろうと、のちにこの話を聞いた当局者は思った。

このとき自民党はまだ野党だった。しかし選挙があれば自民党は勝つと言われている。選挙がいつかは分からないが、白川の任期はあと半年しかない。一二年秋は人事が動き始めても決して遅くはない時期だった。しかも安倍周辺は、白川を「民主党政権の産物」とみている節があった。もちろん、白川は〇八年に総裁人事が二回も国会で否決され迷走した際、就任したばかりの副総裁から急遽総裁に「昇格」しただけで、民主党が最初から積極的に担いだわけではなかった。

しかし、このころ安倍とその周辺は「民主党的なものを一掃する」ことを考えており、日銀総裁もそのリストに入っていた。

そんな政治的なスケジュールが組める安倍周辺が、それから五年経ち一八年の任期切れに伴う総裁人事を放っておくはずがなかった。一七年の夏までに、日銀総裁は「黒田留任」の方向が明確になっていった。もちろん対外的には伏せられたが。

官邸がそういう意向で固まったことを知っていた財務省の幹部は、麻生・福井会談の内容を聞かされてこう思ったという。

「これじゃまるで福井さんが恥をかきにきたようなものだな」

中曽留任、あわよくば昇格をもくろむ「広義の日銀」。機先を制するように動いた現役日銀。彼らの間でひび割れははっきりと見えた。それは官邸や財務省といった外部からも観察できたほどだった。

一九九八年新日銀法に移行してから、この中央銀行は揺れてきた。二〇〇〇年には政府の反対を押し切り、ゼロ金利を解除。政府は議決延期請求権を行使するなど、対立は先鋭化した。しかし、ゼロ金利解除は結果的に失敗し日銀は量的緩和に追い込まれた。

そして白川時代。「日銀の金融緩和が足りないから日本はデフレから抜け出せないのだ」という意見が政界をはじめ広く聞かれた。それは民主党、自民党を問わなかった。

理事経験者はこういう。

「国民への説明ということでは、理論を含めて理解されるのは難しい。「正しいことをやっている」という信頼感を得ることが大事。メディアで悪く書かれ、日銀が悪者になってはいけない。白川時代は叩かれまくった。そうすると、日銀は何か間違ったことをやっている、賃金が上がらないのは日銀のせいだということになる。メディア対策をしっかりとするべきだ。政府が善玉で日銀が悪玉という構図は最悪。政策そのものの意味を理解してもらおうと思っても難しい」

白川日銀が「コミュニケーションに失敗した」と言われるとき、「コミュニケーション」の先には国民や市場、メディアだけがいるわけではなかった。当然政治の世界とのやり取りも非常に大事になっていた。特に安倍政権では。

解散総選挙があった一二年末から、政府と日銀の「共同声明」がまとまる一三年初めまでの間、「日銀と安倍首相の間には「売り言葉に買い言葉」的なコミュニケーションしかなかった」と、ある当局者は回顧する。主義主張が違っても、もっとやりようがあったのではないかというわけだ。それは政治の側に人事などでも「日銀の思い通りにはさせない」という意識を形成していく。

日銀人事を複雑にしたもう一つの要因は、安倍と非常に近く、政治とのコミュニケーション力満点の本田悦朗《えつろう》の存在だった。

二〇代のころから友人として安倍と付き合ってきたこの元財務官僚は、アベノミクスの「第一の矢」である「大胆な金融政策」を安倍に吹き込んできた張本人だったし、自身もそれを隠さなかった。そして、黒田の後任人事がささやかれ始めたころから、「安倍は本田を総裁にするのではないか」という憶測が飛び交っていた。

ただ、このとき、本田はスイスにいた。

この人物が全権大使の肩書でスイスの首都ベルンに赴任したのは一六年六月のことだ。「露骨な論功行賞」と批判する向きもあったが、本田は気にする風もなく、安倍からもらったもう一つの肩書、「欧州金融経済担当大使」をフルに活用して欧州内を動き回り、「アベノミクスは何をしようとしているのかということを説明し、投資家に理解してもらうこと」を懸命に実践しようとした。通常、大使は相手国にべったりと張りつくのが仕事だったのだが、欧州の投資家への説明は安倍から命じられた任務として押し通した。

古巣の財務省は面白くない。国際的な場で日本経済について説明するのは財務相やナンバー2のポジションである財務官の役割だ。スイス赴任前、あいさつにきた本田に対し、財務相の麻生は「何をやるのかは知らないが、国際金融の世界には浅川がいるということを忘れるな」

と、このとき財務官だった浅川雅嗣《まさつぐ》の名前を出しながら、本田にくぎを刺した。

本田はスイス赴任まで日銀の審議委員の人選でも動いていた。

日銀の意思は、金融政策であれば金融政策決定会合で、予算や内部規則の改正などであれば火曜日と金曜日に開く政策委員会で決定する。そのどちらも、参加するのは総裁と二人の副総裁、そして金融や経済の専門家として選ばれた六人の審議委員の合計九人だ。

新日銀法によれば、審議委員は衆参両院の同意を得て内閣が任命するという手続きで選ばれるため、時の政権の意向が反映される。当時、本田は「内閣官房参与」という肩書をもっており、安倍側近として人選に関与できた。

例えば、一六年六月に新生銀行の政井貴子を審議委員に抜擢した時もそうだった。

リフレ派の中で政井が浮上した際、「首実検」をしたのはスイス赴任を控えた本田だった。

審議委員にも男女のバランスが必要とされており、これまでも篠塚英子、須田美矢子などの女性がいたが、一六年三月末に白井さゆりが退任して以降ゼロになっていた。したがって本田やその背後に控える安倍官邸の面々にとっては、「リフレ派であるか、もしくはそれに近い女性」というファクターが重要だった。

政井の職場だった新生銀行に突然電話をかけて「いたずら」と疑われた本田は、オフィスを訪ね本人と面会した。政井は当時から「そのとき一番効果があるものをベストミックスで採用すればいい」というスタンス。岩田らのリフレ派も政井を「われわれに一定の理解がある」と判断し、本田は「審議委員に適任」と官邸にアドバイスした。

副総裁の岩田は、そんな本田の総裁就任を待望した。この人物は周囲に「本田総裁」の持論を隠さなかったし、日銀退任後の著作にも「文句なしの総裁適任者」だったと記している（『日銀日記』筑摩書房、二〇一八年）。

岩田らは「二年、二％」を掲げた黒田の再任には反対だった。財務官僚出身として消費税率引上げに賛成するなど、財政均衡主義者の面も持ち、経済にマイナスのインパクトを与える可能性があるというのがその理由だった。

同じ財務省出身でも本田は財政を第一に考えることはしない。

関係者によると、岩田は「本田総裁誕生」に向けて、推薦状をしたため官邸に送った。普通なら当局の高官がこういうことはしない。人事はひそやかにテーブルの下で「握る」ものだ。受け取った官邸側も処置に困ってしまい、この推薦状は日銀に還流してきた。一読したある幹部は「こういうのを贔屓《ひいき》の引き倒しというのだろう」と思ったし、財務省にも「そちらにもお伝えしろというので送る」という口上とともに、推薦状のコピーが日銀から回ってきた。もっとも彼らもすでに入手済みではあったが。

しかし、財務省にとっても、日銀にとっても、本田は「やっかいな存在」だった。安倍に極めて近いことは、アベノミクスが始まった一三年前後の影響力の大きさを見ていればよく分かった。そして持論はリフレ派の主張。つまりデフレは貨幣的現象なのだから日銀がお札を刷れば克服できる――だった。

本田も野望を隠さず、「メディアの取材に意欲を示した」とか「総裁になりたいと日銀幹部に言った」などという情報も駆け巡った。

しかし、本田が安倍の友人であることは皆知っている。そんな人間を日銀入りさせれば「お友達人事」との批判が噴出することは目に見えている。

また、「本田は動き過ぎだ」と官邸の幹部はみていた。財務省関係者には「あからさまな黒田批判が安倍の耳に入り、さすがにむっとしていた」という話も入ってきた。黒田を留任させ、岩田の後任として本田を副総裁にするにも、「トップの悪口を言っているような者に務まるのか」という議論が高まった。

まさか安倍は本田を選ばないだろうと思いつつも、この問題は明らかに「総理マター」になっている。財務省の幹部たちは麻生に頼った。彼らはこう説明した。

「もし本田が副総裁になったら、彼はリフレ派で派閥を作る。審議委員の何人かは本田の考え方に近いリフレ派なので、総裁提案が否決される事態も想定できる」

総裁提案の否決は過去一度もない。混乱が見えている。麻生も理解し、官邸も「本田外し」の流れを容認した。

最終的に一八年二月、黒田の総裁再任が、雨宮の副総裁昇格、早稲田大学教授の若田部昌澄《まさずみ》の副総裁就任と合わせて決定された。

若田部はちょうど一七年の春から大学のサバティカル（研究休暇）の期間中でニューヨークに滞在していた。研究休暇の期間を延長し米国にもう一年間滞在しようかと迷っていた若田部は、岩田同様、リフレ派を支える理論家として有名。関係者によると、自分の日銀入りはないと悟った本田が強く推した。

黒田は再任の記者会見で「わが国の経済・物価情勢は、この五年間で大幅に改善したが、二％の「物価安定の目標」の実現まではなお距離がある」「今後とも、目標実現への総仕上げを果たすべく、全力で取り組んでまいりたい」と強調したが、この目標が新しい体制にとっても難しいものであることは、多くの関係者が感じていた。

ドンの怒り

日銀の総裁人事も決着し、二期目の黒田体制が始まった二〇一八年もあっという間に過ぎ、一九年が明けた。

平成最後となった御用始めの一月四日、夕闇の中を紳士たちが集まってきた。皇居のお堀と首都高速に挟まれた形で建つＫＫＲホテル東京だ。この日は財務省と前身の旧大蔵省で事務次官を経験した元高官たちが一堂に会する恒例の集まりが予定されていた。

事務次官というのは官僚組織のトップ。財務省でも通常は同期入省の中から一人しかならないが、一人も次官にならない期もある一方、一九七九年入省組のように次官を三人も出すケースもあった。

いずれにせよ、次官は官僚の中で「出世頭」と位置付けられていた。

「さすがにこの日は何も予定が入らないだろう」ということで毎年御用始めの日に開催されるこの会合は、以前は有名料亭で予算編成の終了した現役幹部たちをねぎらうという趣旨で行われていたのだが、いつのころからか会費制の会合になっていた。この日も次官ＯＢと現役の局長ら幹部が顔をそろえた。

財務省の団結は固い。ＯＢを含めた出身部局の集まりや、勉強会と称する有志の会合などはかなりの数ある。そんな中でも事務次官経験者のこの会合は、集まるメンバーの顔触れから旧大蔵系で最も「格」の高い会合とされた。

大手町の外れに建つKKRホテル東京の正式名称は国家公務員共済組合連合会東京共済会館。要するに高級官僚にとっては身内のようなホテルだった。その大きな部屋にテーブルと椅子が並べられ、久しぶりに会う次官OBたちが互いの無事を確認し合い昔の話題などで盛り上がるのが通例だった。

出席者の中で最長老は、八六年から八八年まで事務次官を務めた吉野良彦だった。「大蔵省のドン」と呼ばれた長岡實《みのる》が前年に九三歳で亡くなり、今は吉野がリーダー的な存在になっている。長岡も吉野も現役時代からいわゆる「大物次官」とか「一〇年に一人」などと神格化されていた面はあるが、実際、政治の世界と相対するときの迫力は語り継がれている。

会合が始まりほどなくしたとき、大蔵一家のリーダーとして吉野はあいさつを促された。その場にいた関係者の証言を集めると、この中で吉野は突然近くにいた後輩を名指ししてこう言った。

「太田君もいやいややらされているのだろうが、韓信の股くぐりにも限度があるぞ」

通常この手のあいさつは、当たり障りのないものがほとんどだ。しかも、この日は一月四日。

めでたい正月だ。

しかし、この時は違った。「太田君」というのは太田充《みつる》主計局長のこと。最長老OBがその場にいた現役の幹部を直接批判したのだ。異例の出来事に会場は水を打ったように静まり返った。

吉野が言及した「韓信の股くぐり」は古代中国の武将の故事に由来し、「志のあるものは小事を争わない」という意味だ。

「財務省が安倍政権に屈し続けているように見えるのは、消費税率アップという大きな目標のためなのだろうが、あまりに譲歩し過ぎているのではないか」

多くの参加者は吉野の言葉をそう理解した。いくら内輪の席とはいえ、最長老の実力者が現役の主計局長を批判するなど、前代未聞だった。

ある次官OBは吉野の口調に怒りが含まれているのを感じたし、別の出席者は政治家と対等に渡り合っていた吉野の現役時代を思い出した。

そして、その場にいた関係者は吉野が何に怒っているのか、すぐに理解した。

直前に終了した二〇一九年度予算編成で、主計局長の太田以下財務省は、その年の一〇月に八%から一〇%に引き上げられる消費税対策をきわめて厚く手当てした。例えば、キャッシュレスで買い物をした場合、中小店舗だとポイント還元は最大五%分が戻ることになった。消費税の引上げは二%なのに三ポイントも余分におまけをつけているわけだ。

そんなこんなで一九年度の予算総額は初めて一〇〇兆円を突破。国債の残高は九〇〇兆円に迫る状態だった。しかも財政再建目標は後ろ倒しを繰り返し、仮に政府の過大な経済成長見通しが正しかったとしても、この老人たちの目が黒いうちに達成されることは絶望的になっていた。

吉野は財政至上主義者と見られていた。「経済成長なくして財政再建なし」という安倍政権の姿勢は、「打倒の対象」にすら映っているのではないかと思う当局者もいた。

吉野との会話から財政こそが国家であり、経済を浮揚させるとか、景気対策などは二の次でいいのだという信念を感じた後輩も少なくない。つまりこの老人にとっては財政こそが国家統治の基本なのだと。

確かに吉野らの怒りはアベノミクスにも向けられていた。

「三本の矢で、無謀な金融政策の次に出てくるのは「機動的な財政政策」だ。機動的といっても、予算規模は結果的にどんどん膨らんでいるじゃないか。何で現役たちはアベノミクスなるものに抵抗しないのか。これが一部OBの主張だった」

現役の官僚はこう話す。

一九八六年七月の衆参同日選挙の最中、当時首相だった中曽根康弘が「大型間接税は導入しない」と明言した。大型間接税はのちに消費税という形で実現するのだが、この発言の直後、他の総理日程をわきに追いやり官邸に駆け付けたのが吉野事務次官だった。この官僚は中曽根にこう迫った。

「あんなことを言ってもらっては困ります」

政策をコントロールするのは誰か――。

少なくともこの時代、いかに力の強い首相が「本格政権」をつくっても、財務官僚たちは「それは自分たちだ」というエリート意識を隠そうともしなかった。

そんな逸話を知る他のOBたちは、吉野の怒りの矛先は太田だけでなく会場にいた現役たちにも向けられたものだろうと推測した。会合には局長以上の現役幹部が出席している。「お前たち、財政再建はどうした」というメッセージだろうとも解釈できた。

「古き良き時代」

座が再び談笑モードに入ったとき、吉野の席を訪ねる太田の姿に関心が集まった。もちろん、聞き耳を立てるわけにはいかない。「それとなく耳に入ってくる」のでなければならない。

近くにいた関係者によると、吉野は太田に財政再建の重要性を説き、太田は時折口をはさみながら、これを神妙に聞いていた。

現役の側にも言い分はあった。

彼らとて、財政が「無傷」のまま消費税率を引き上げられればそれに越したことがないのはよくわかっていた。しかし、この政権には留意しなければならないポイントが数ある。最大のものは「安倍の財務省嫌い」だった。

財務省幹部たちは、この政権の意思決定が安倍、菅、そして経済産業省出身で首相の政務担当秘書官を務める今井尚哉《たかや》によってなされていることを十分に知っていた。ボスである麻生は財務省をずいぶん守ってくれているが、最終的に物事を決めるのはやはり官邸に陣取るこの三人だ。彼らが財務省のことをあまり信用していないのだから、問題のもっていき方を間違えれば、消費税も、財政再建も吹き飛んでしまう恐れがあった。

特に消費税増税は二〇一四年四月の引上げ以降、このときまですでに二度も延期されている。誰が何といっても三回目の延期だけは絶対に避けなければならない。

ある官僚はこう考えていた。「三回も見送られたら、増税を提案する政権などなくなる」

しかも安倍首相の周りには、本田のような「消費税増税反対」をかかげるリフレ派が跋扈《ばっこ》している、そんなことはOBたちもよく分かっているはずだ——。そう思っていた現役官僚の中には吉野の発言を聞いてがっかりする者もいた。

「財務省の力量低下は、あなたたちが権力をふるい過ぎた反動で起きているのに」

接待汚職や金融危機など一九九〇年代前後からの様々な出来事により、大蔵省から金融庁が分離独立させられ、相対的に力量が低下していったことに、現役幹部の責任は全くなかった。むしろ吉野は八〇年代の次官時代、バブル形成に加担した責任があると考える現役もいた。この時代の統治機構の中で「強大な大蔵省」が判断を誤れば重大な結果を招く。このときも、財政再建を優先するあまり、米国からの要求を金融に押し付け過ぎたという批判は強い。

「何といっても時代は回ったのだ」と、別の財務官僚は考えていた。九〇年代以降、選挙制度を含めて様々な改革が実施された結果、政治主導が確立し、政と官の関係は大きく変化した。以前なら課長で済ませていた議員説明に、より上位の幹部が出向かねばならないケースも増えている。それだけ財務省が軽くなってきているということだ。

こんなこともあった。

二〇一四年四月に消費税を八％に引き上げ、当初予定通り一五年一〇月の一〇％引上げに向け、財務省が各方面に働きかけようとしていたとき、官邸の実力政治家はこう言い放った。

「お前たちはこの政権に弓引くのか」

勝手に動くな。一〇%にするかどうか決めるのは官邸だ。独自に動くならそれは謀反だ——。

この政治家はこう言っていると受け取られた。

現役の財務官僚たちは、中曽根を真正面から説諭した吉野のようなやり方は取れないことをよく知っていた。ある官僚はOBたちのことを皮肉り、ドイツ語に乗せてこう表現した。

「gute alte Zeiten（古き良き時代）」

しかし、今は違う。政治主導、というよりは官邸主導に変化している。財務省も大蔵省時代からの度重なるスキャンダルなどで疲弊し、昔日の面影はない。

その変化に気づいた大蔵省OBたちは、仮にその種をまいたのは自分たちであろうともそれが我慢ならない。こんなことでは財政が崩れる、財政が崩れるということは国家が崩壊することだ——。

吉野の怒りは、時代の変化を受け入れられない財政至上主義者の咆哮にも似ていた。

関係者によると、この「事件」のあったあと、太田の上司でもある事務次官の岡本薫明《しげあき》は吉野に何回か会い、事情を説明しようとした。しかし、かつて中曽根に挑んだ大物OBの怒りは消えていないようで、なかなか理解されている様子はなかったという。

一方、省内の現役たちも消費税増税の対策をめぐり、それを評価する幹部と、否定的にみる幹部たちが微妙な関係になっていた。

どこの組織でも複雑な人間関係はあるし派閥争いもある。霞が関も同じ。通商産業省（現経産省）では、「四人組」と呼ばれる幹部たちの省内抗争が表ざたになり混乱したし、財務省が大蔵省と呼ばれていた昭和の時代には、有力政治家を巻き込む形で事務次官のイスを争う事件があったことは有名だ。

しかし、その後財務省では、幹部同士に確執があっても、省内の会議室での激しい論争が廊下での怒鳴り合いに発展しても、それが外部の人間に知られることはそう多くなかった。

今、財務省幹部たちの間に生じるさざ波は、霞が関のゴシップとして世間に流れる。以前はあまり見られなかった現象だ。

第1章　賃上げ介入

財務省と日銀の組織内に亀裂を生んだアベノミクス。特徴の一つに「国家の介入」が挙げられる。その強権発動の最初の対象となったのは、労使間で決められるはずの賃金の引上げだった。第二次安倍政権発足直後の二〇一三年一月に時間を巻き戻してその経緯を検証する。

アベノミクスの忘れ物

内閣府というのは一体何をやっているのか分からない組織だ。省庁再編の結果、二〇〇一年一月、総理府、経済企画庁、沖縄開発庁などが束ねられてできた。経済財政諮問会議の事務局から、規制改革や叙勲までその業務範囲は非常に広い。

そんな内閣府の建物を一人のエコノミストが訪ねてきたのは一三年一月二九日だった。日本総合研究所(日本総研)の山田久。そのまま内閣府政策統括官だった石井裕晶の部屋に直行した。政策統括官というのは局長級のポストで、内閣府には複数いる。経済産業省出身の石井はこのとき「経済財政運営担当」として、アベノミクスをどう実現していくのかに頭を悩ませる日々だった。

前年の一二月末に発足した第二次安倍政権は、看板であるアベノミクスでスタートダッシュをかけている。ちょうど一週間前の一月二二日には、日銀との間で「共同声明」を発表したばかりだ。この中で日銀は初めて二%のインフレターゲット設定を認めた。石井も担当者の一人としてこの共同声明の作成に関与していたが、一仕事終えたなどとのんびりしている暇はなく、来客や会議に追われていた。

山田は石井の部屋に着くと、あいさつもそこそこに、賃金の引上げがいかに重要かを説いていった。この時、石井も経済財政諮問会議などで何を「タマ」にしようかと考えているところだった。タマというのは霞が関用語で、新施策のアイデアを指す。

――アベノミクスで円安になる。輸出が増える。もうけが企業にたまる。ならば、賃金が上がることとセットになっていなければならない。実質賃金をプラスにしないとだめだ。「トリクルダウン」が必要だが、放っておいても起きない。仕掛けが必要だ――。

この日、山田と石井の議論は賃金の引上げをアベノミクスの中に明確に位置付けるようにするにはどうしたらいいのかという内容だった。考えてみれば、アベノミクスそのものに賃金を上げるメカニズムはない。一種の「忘れ物」になっていると思った官僚もいたほどだ。ただ賃金引上げを政策的にどう実現していくかは簡単ではない。

このアイデアは、山田の職場の同僚でもある日本総研理事長の高橋進が、この直前に安倍の前で披露していた。

高橋は復活した経済財政諮問会議のメンバーに抜擢されていた。声をかけてきたのは担当の大臣になった甘利明だった。エコノミストとして歩んできた高橋は甘利とは「面識があったが、知り合いというほどではない」という間柄だった。その甘利から諮問会議入りを要請された高橋は「金融緩和すればすべて物事が解決する」と思ってはいなかった。

したがって、経済政策の真ん中に金融政策を置き、リフレ派の主張を色濃く出すアベノミクスには違和感が残ったものの、「停滞を打破する突破口になるかもしれない」とは考えていた。

高橋は、山田とはよく意見を交わしていた。復活した自民党政権の経済政策形成に大きな役割を果たす経済財政諮問会議の場でも、「賃金」の重要性を指摘せねばと考えるのは自然だった。賃上げによって金融緩和の成果を後押しできる、と。

山田とも話をしながら、諮問会議に臨んだ高橋が初めて賃上げに言及したのは一月二四日に開かれた第三回の会合だった。二回目の会合の最後に、総合的な対応策のペーパーの説明に入ったが、時間切れになってしまったためだ。

第三回の諮問会議で高橋はこう強調した。

「前回、私は（提出したペーパーを）読み上げただけでございましたので、若干の補足をさせていただきたいと思います」

「最大のポイントは、企業の余剰資金をいかに投資に振り向けていくかということだと思います。一方で、やはり家計にも同じように目配りをして、賃金や雇用が増えていく、あるいはそのお金が消費に向かっていくという環境を作ることも非常に重要ではないかと思います」
「簡単にいかないのは承知しておりますけれども、いかにしたら賃金、雇用を伸ばすことができるのか、あるいは、その裏側にもなりますけれども、どうすれば若者や女性を含む人材の育成をできるのか、そういったことも一緒に議論していかなくてはいけないのではないかと思います」

高橋の言ったことは、山田が石井に伝えた考えと同じだった。ただ、この日は賃金という言い回しに特化したわけではなく、「賃金や雇用」と表現した。

内閣府の石井が山田を呼んだのは、多分に高橋提案のフォローアップという色彩が強かった。山田もアベノミクスの「三本の矢」に懐疑的だった。特に「大胆な金融政策」を定めた「第一の矢」だ。「それだけで回るはずがない」とも思っていた。労働経済を専門にする山田は以前から、最終的に賃金に波及させないと日本の再生はないと考えていたし、それを積極的に発信もしていた。

一月二八日、安倍は国会で所信表明演説を行った。しかし、そこには「賃金」とか「賃上げ」という言葉は入っていない。賃上げの項目は自民党の公約にもない。

なぜなのか。公約作りを手伝った当時の経産省幹部はこう話す。

「当時は経済が落ち込んでいるので、まず大型補正をやり、デフレ脱却の金融緩和を打つという短期対応に主眼が置かれた。もう一つは、やはり手段がなかったということだ。手段なしに賃上げは迫れない」

安倍側近として政権作りに関与し、一二年末に官房副長官に就任した加藤勝信は「賃金が重要だというのは政権発足後に出てきたこと。（一二年一二月の）総選挙は突然だったので、そんなに深く考えている時間はなかった」と回顧する。ただ、「この手の賃上げの話は民主党的なにおいがするので官邸が嫌がった」との証言もある。

同じころ、賃金の問題に着目していたのが財務省だった。局長級である総括審議官の佐藤慎一らを中心とした官僚たちは、やはりアベノミクス成功のカギは賃金にあるとにらんでいた。どうするか、ということで考えたのは、労働組合と経営者に政治家も加わった会議を作ることだったが、この考え方を財務省に伝授したのも山田だった。

財務省の勉強会に呼ばれた山田は、佐藤に対して「政労使会議」というアイデアを提供した。モデルになったのは「ワッセナー合意」だ。

山田によれば、ワッセナー合意は一九八二年にオランダで結ばれた協定のこと。不況とインフレに苦しんでいたこの国で、「賃金抑制、労働時間短縮・雇用維持、減税・社会保険料軽減という三方一両損を政府が提案し、労使がこれに合意することで、オランダ病からの脱却を目指したもの」（山田久『デフレ反転の成長戦略』東洋経済新報社、二〇一〇年）だった。

もともとの合意は賃金を抑制する内容であり、賃上げを求める日本の場合は「逆ワッセナー合意」になる。しかし、山田によると「政労使は禁じ手」だったという。

「なぜなら政府が入っていくから。それがなぜ正当化されるかと言えば、「合成の誤謬」で、雇用者、労働者がそれぞれ正しいと思うことをやると、縮小均衡になっていくから。政府の介入は一時的なきっかけを作るということで正当化される」

「合成の誤謬」とは学問的な用語で、一人一人が「よかれ」と思って行動した結果、全体の結果がマイナスになることを意味する。

「私は賃金だけ上げろと言っていたわけではない。日本は雇用を優先する↓生産性が向上しない↓賃金が上がらない――という構造だったので、解雇ではない形で労働者の移動を追求する必要性があった。そうしなければ縮小均衡の循環から抜け出せないので、労働移動もセットで訴えていた。生産性が向上すれば賃金が上がる。その拡大均衡を目指すべきだと主張していた」

振り返って山田はこう話す。

賃金を上げろ

経済財政諮問会議の高橋が正式に政労使につながる方向性を提案したのは、二月五日に開かれた四回目の会議だった。

「業績の改善している業界や企業においては、報酬を引き上げていく、それが持続していくための環境づくり、あるいは労働者のスキルアップを当然図っていかなくてはいけないわけで、そのために政府としてもどういう支援ができるかといったことを含めて、政府、経営者、労働者が共同戦略をとっていくことが必要ではないかと思います」

高橋が会合で示したペーパーの表題には「デフレ脱却から雇用・所得増加の好循環に向けて」と記されていた。

企業収益が増す↓賃金が上昇する↓消費が上向く――などという回路は「トリクルダウン」と呼ばれることが多い。「したたり落ちる」というような意味だが、収益が賃金にしたたり落ちていけば経済全体も温まるという発想だった。

もともとは減税を理論的に導き出すための理屈付けで始まったが、一九八〇年代に米国ではロナルド・レーガン大統領の「レーガノミクス」や、英国のマーガレット・サッチャー政権下では「サッチャリズム」の中で生まれてきたネーミングだ。

しかし安倍政権やその周辺はこの言葉を使っていない。のちに「経済の好循環」との表現は多用されるが、高橋もこの回の説明でトリクルダウンという言葉の使用は避けた。

「トリクルダウンそのものに懐疑的だったというわけではない。デフレ下で労使の考え方が硬直化してしまったと感じたから」

「そもそも経済の悪循環から抜け出すことが課題だったが、六重苦といわれた状況を変えていく中で賃上げを引き出すために、好循環の構図を作った。「好循環」というのが誰のネーミングだったか。私だった気もするが、内閣府のスタッフと一緒に考えたのかもしれない。定かではない」

ただ、官房副長官だった加藤はのちに、日本は国家の力で賃上げをさせようとしたので、民間に任せておけば賃金が上がるというトリクルダウンとは違う――という趣旨の話をしている。

この会合の後、霞が関にはこんな話が出回った。

安倍政権の枢要閣僚が知り合いの経営者に電話をかけ、「賃上げにご協力をお願いしたい」と要請した。この経営者は「了解しました」と言い、「みんなに声をかけていきましょう」と応じた――。

官僚たちはこの話を半信半疑で聞いた。よほどのワンマン社長かオーナー経営者ならいざ知らず、普通の企業が電話一本で「はいそうですか」と答えられるはずがないと彼らは思った。同時にこうも考えた。

賃金を決めるのは個々の企業だ。自らの業績を顧みながら、労働者たちに配分するパイの大きさを考える。であるとすれば、賃上げを実現するには企業を動かす以外にない。政権交代したばかりの安倍首相には勢いがある。ならばここは、企業側に賃上げ検討を要請してみるのも手かもしれない――。

安倍政権の内部でこう意見が集約されるのにあまり時間はかからなかった。

動いたのは内閣府の石井だった。高橋が経済財政諮問会議で賃上げの重要性を説く前日の二月四日、日本経済団体連合会(経団連)の幹部を内閣府の自室に招いている。もちろん、翌日高橋が何を話すかの報告は上がってきていた。

この日石井に呼び出されたのは専務理事の久保田政一らだった。

久保田が経団連から外務省に出向し、ワシントンの在米日本大使館に勤務していた同じ時期、石井も通産省からの派遣で書記官として同じ屋根の下で働いていた。

石井は賃上げの重要性について政権内部の雰囲気を伝えた。

「アベノミクスの成否は賃上げの実施が握っている」

しかし、経団連側は慎重だった。いや、慎重というよりも「とんでもない」という感じだったと、関係者は回顧する。

経団連に対して、政権は追い討ちをかける。

石井と久保田が会った数日後、経団連幹部の携帯電話が鳴った。内閣府からだった。

「二月一二日に経済三団体のトップと総理の会合を開きたい。テーマは賃金。経団連会長も官邸にご参集願いたい」

要するに、会長の米倉弘昌をだせ、ということだ。経団連会長はかなり忙しい。そんなところに、数日後の会議に出ろという要請だ。当然、日程は組みなおさねばならないが、それよりも、何よりも、会長である米倉の意向を確かめない限り返事は難しい。

このころの経団連は、米倉と安倍の関係をどう修復していくのかで頭を悩ませていた。政権の看板である「三本の矢」の一本目、金融緩和に文句をつけた米倉は、その前にも安倍の靖国参拝を批判して激論になったことがあり、両者の関係改善は不可能になっていた。安倍は政権発足後、経済政策の司令塔に使った「経済財政諮問会議」のメンバーに米倉を選ばなかった。それまでの諮問会議で経団連会長が外されたことはなかったにもかかわらずである。

自民党と経団連は、戦後一心同体の歩みを重ねてきた。時の政権との摩擦はこれまでにもないわけではなかったが、米倉と安倍は傍から見ていても、「全く合わない」という状況だった。しかし相手は首相だ。逆らい続けるわけにはいかない。むしろ和解のチャンスを狙わねばならない。経団連事務局の幹部たちはその方向で動くことに腐心していた。経団連の幹部に名を連ねる他の大企業の重鎮たちにとっても「政権との仲直り」は隠れた最大テーマになっていた。

そんなタイミングでの要請だ。事務局としては拒否できないと考えたが、米倉が首を縦に振らない可能性もある。

検討を約した経団連幹部は、翌朝、米倉の意向を確認した。

「まあ、いいよ」

万一拒否などされたら、政権との修復がまた遠のいてしまうと思っていた幹部はほっとした。

「安倍政権が始まったころ、会長、副会長の話を聞いていると、民主党政権には戻りたくないという強い意識を感じた。経済界に厳しい民主党というイメージだったし、「六重苦」と言われるような状況から離れたかった」と当時の経団連幹部は振り返る。その上でこう強調した。

「しかし、同時に米倉さんが安倍さんと個人的に最悪の関係であることもよく分かっていた。会長は諮問会議のメンバーにもならず、自民党が戻ってきたのに、同友会(経済同友会)や新経連（新経済連盟）の方が優遇されているように感じていた。したがって政権との関係改善は最優先課題だった。本音はおかしいなと思っても、賛同しておくというのが基本になった」

もちろん内閣府側とて、経済界に賃上げを要請した程度で問題が片付くとは思っていなかった。「彼らに何かを言ったら賃金は上がるのだろうか」と感じる官僚もいたが、その疑問は封印せねばならなかった。まずそういう場を設定することが大事なのだ。

賃金を上げろ――。これはその後も繰り返される、アベノミクスのお題目の一つとなった。ただ、政府の要請に企業が応じるのは簡単ではなかった。そもそも賃金は会社経営の一番重要な部分だ。先進国として国が強権を使って賃上げに介入することは不可能だったし、民間の営為を重視する資本主義の理念にそぐわない。企業の側からも反発が出るだろうし、メディアも「アベノミクスの本質は民に対する官の介入なのか」と騒ぐかもしれない。

官邸に呼ばれた米倉が、それまでも「賃上げの問題は各企業で決めるべきだ」という原則論を譲ったことがないのは、周辺もよく知っていた。

異例の「意見交換会」

二〇一三年二月一二日の昼、一二時半から経団連の米倉会長、日本商工会議所の岡村正会頭、経済同友会の長谷川閑史《やすちか》代表幹事の三人が官邸に集められた。相対するのは安倍。そのわきには麻生副総理兼財務相らの顔も見えた。

内閣府が、経団連幹部に電話で強引に参加を求めた会合が開かれたのだ。その名も、「デフレ脱却に向けた経済界との意見交換会」。

安倍が口を開いた。

「政府は労働市場改革や規制改革などに真摯に取り組む。経済界におかれても、業績が改善している企業においては報酬の引き上げを行うなどの取り組みをぜひご検討いただきたいとお願い申し上げる。こうした官民の動きが相まって、本格的にデフレ脱却に力強く進み出していくことができる」

要するに、おれたちは経済界の要望にまじめに取り組むのだから、お前たちは賃上げでそれに応えろ——と言っていた。

しかし、この会議はわずか一五分で終了した。忙しい時間をやりくりして集まった財界の関係者からは、「総理のパフォーマンスに付き合わされた」との声も聞かれた。

安倍政権の攻勢に財界は戸惑っていた。特に経団連だ。

この組織は〇二年に「財界の労務部」と呼ばれた日経連(日本経営者団体連盟)と合体している。

それまで労働関係のテーマは、賃金にしても待遇改善にしても、日経連の専門的な領域だった。合併後は経団連として同じように労働問題に対応していた。

「しかし」と、経団連の担当者はこう回顧する。

「いい循環をつくっていかねばという考えに経団連は賛成だった。ただ、春闘の本番は三月。前の年の一二月には労働側が闘争方針を決め、経営側ともそれなりのすりあわせをしている。二月中旬に何か言われても今年はもう遅いよね、という受け止め方だった」

米倉はこの会合を一九日の幹事会でこう報告した。幹事会というのは経団連の意思決定機関だ。

「経団連といたしましては、報酬をはじめとする労働条件は経営実態を踏まえて労使が協議し自社の支払い能力に即して決定されるものとしております。業績が改善されている企業におかれましては、まず賞与・一時金への反映についてご検討いただければと考えます」

誰が担ぐのか

財務省総括審議官の佐藤は周辺に自身の考えを伝えていった。賃上げが重要だという日本総研のエコノミスト、山田の言っていることを政策として実現できないだろうかと。

エコノミストや学者の言うことは、時として理論的には非常に参考になる。しかし、それを現実の政策として実現していくためには、政治のプロセスに乗せねばならない。その瞬間、関係者間の利害調整という非常に面倒な仕事が襲い掛かってくるのは常だ。正論とは思っていても、それを単純に振り回すのは行政官の仕事ではない。理論を理解したうえで実現への道筋を具体的に検討していかねばならない――。多くの霞が関官僚はこう考えていた。

賃金の話も同じだ。実現のためにどうしたらいいのか。

佐藤の考えていた「仕掛け」として、政労使が一堂に会する会議の開催という構想が浮上してきた。そこで賃上げのムードを出せればいいし、なんとかそこまで持っていきたかった。

「アベノミクスには構造的に賃金を上げるという回路がない。経済活動にビルトインされていない。じゃあ、どうすればいいのかということになった。それが政労使という答えにつながった」

この問題に関与した財務官僚はこう振り返る。

しかし、労働側は雇用を優先して賃金を二の次にしている。経営側もリーマン・ショック以降の凍り付いた経済を体験して以降、内部留保の重要性から賃上げにはすぐに手を回せないという事情があった。

これではアベノミクスがうまく浸透していかない――。

山田はこれを「合成の誤謬」と呼んだが、この問題を担当した内閣府の幹部は、ある場で「市場の失敗」と表現した。だから理論的には公権力の積極的介入が許されるというわけだ。

しかし、政労使立ち上げの準備も根回しもまだ完全ではない。二月五日の経済財政諮問会議で高橋が「共同戦略」というあいまいな言い方にとどめたのもそういう事情があった。

佐藤ら財務省が政治を絡ませるというアイデアを実現しようとしたとき、頼ったのは官房副長官補になっていた古谷一之だった。

官房副長官補というのは重要なポストだ。官房長官と副長官を補佐しながら霞が関の各省にまたがる重要案件を仕切っていく。官僚トップに位置する杉田和博副長官の下で、経済政策などの内政マターはほぼ最終責任者になった。もともと財務官僚だった古谷は安倍政権発足後ほどなくして国税庁長官から移ってきていた。

官僚用語で「担ぐ」という言葉がある。法案や案件の担当になって根回しの中心的な存在となることを意味する。考えてみれば賃上げというのは、なかなか難しいテーマだ。どこか特定の役所が政策としてプロデュースするのも奇妙な感じがした。ほかにいないのならば仕方がない。古谷はこの問題を「担ぐ」ことにした。

全省庁の内政問題を一手に所管する古谷が前面に出るのは、自然な流れでもあった。

「われわれだけでは難しいと思って古谷さんのところに話を持ち込んだ。古谷さんが担いでくれたので助かった」とは財務官僚の弁だ。

風で動く国

安倍は二月二八日、初の施政方針演説に臨んだ。本来なら通常国会の冒頭で行われるのだが、この年は政権交代の余波を受け予算提出が大きくずれ込んだ。このため、とりあえず一月は所信表明演説を行い、予算案が提出された後の二月に施政方針演説を行うことになっていた。いずれにせよ、安倍にとっては就任直後の短期間で、国会演説を通じてアベノミクスを大々的にPRする機会を二回も与えられたことになる。

ここで安倍は、初めて賃上げに言及する。

この演説文を書くのは首相の周辺にいる秘書官であることも多い。自ら第一次安倍政権で首相秘書官を務め、演説が出来上がっていく過程を熟知している財務省主税局長の田中一穂《かずほ》は、省内の取りまとめを行う文書課を通じて首相周辺にこう働きかけている。

「賃金を上げろと言うべきだ。そういう文言を演説に入れろ」

そしてこう付け加えた。

「誰かが文句を言ったら、田中がそう言っていると伝えろ」

田中は秘書官として仕えた頃、安倍の信頼を獲得し、その後もゴルフにお供するなどの付き合いをしていた。若い官僚たちもそれをよく知っていた。

田中は周辺にこう話していた。

「賃上げすることでアベノミクスの本質が動くのだ。日本は風で動く国だ。偉い人がガツンと言えば、ある程度はそういう方向に行く」

何度かの推敲を経て、安倍の演説は最終的にこういう表現になった。

「私自身、可能な限り報酬の引上げを行ってほしいと、産業界に直接要請しました。政府も、税制で、利益を従業員に還元する企業を応援します。既に、この方針に御賛同いただき、従業員の報酬引上げを宣言する企業も現れています。うれしいことです。家計のやりくりは、大変な御苦労です。日々の暮らしを少しでも良くするために、私たちは、「強い経済」を取り戻します」

賃上げは霞が関の中で流行のテーマになっていたし、本格政権になりそうな安倍官邸の覚えをよくする意味でも、各省が自分たちも何か貢献できないかと考えるのは自然な流れだった。

局長の田中を上司としていただく財務省主税局の官僚たちも税制の観点から賃金引上げを支援できないか検討。一月末に決まった税制改正の中に「従業員の給与を五％以上引き上げた場合、その増加分の一〇％を税額控除できる」という項目を潜り込ませた。

関係した当局者は「賃上げを伴わなければ経済がうまく回らないと考えて突貫作業でやった」と振り返る。適用される条件が厳しかったこともあり、この制度が賃上げに向けての切札にはならなかったが、「税制でも対応している」という言い訳はできた。

このころ、安倍は辞意を伝えてきた白川方明の後任の日銀総裁に、財務省ＯＢでアジア開発銀行総裁の黒田東彦を選んだばかりだった。大胆な金融緩和を核にした自らの経済政策であるアベノミクスは離陸態勢が整った。

そして今、経済界への要請、国会での意思表示を経て、賃金引上げが事実上、政権の重要テーマとして確定した。ある内閣府の幹部は「賃上げはアベノミクスの第四の矢」と感じていた。「三本の矢」である金融緩和、財政出動、成長戦略は、言ってみれば政府や日銀が主体的に動かせることだ。しかし賃金は違う。この主体は民間企業だ。政府が強制的に発動できる話ではない。

ならば、どうするのか。財務省の田中が言うように日本が「風で動く国」の特質を持っていたとしても、万一実現しなければ「生活は改善しない」と批判され逆風が吹く可能性もある。問題はいかにして民間企業を実施に追い込むことができるかだ。首相に近い官僚はその仕掛けづくりへとシフトしていく。

就職活動解禁問題

東京で桜の季節も過ぎた二〇一三年四月一九日。ちょうど昼時だった。首相官邸に再び経済三団体の長が呼ばれた。経団連の米倉会長、経済同友会の長谷川代表幹事、日本商工会議所の岡村会頭らだ。テーブルの向い側には安倍が座った。この構図は二か月前の賃上げ要請の時と全く同じだった。

ここで経済界の首脳たちは安倍から三つの点について要請を受けるはずだった。①就職活動解禁時期の繰り下げ ②育児休業の三歳までの延長 ③上場企業役員への女性登用――。

中小企業をかかえる商工会議所などはややニュアンスが違ったが、経団連の米倉は「三つとも異論は全くない。会員企業に周知を徹底する」と応じることになっていた。

レールは事前に敷かれていた。この手の会合で、何かシナリオにないことが突然発言されるということはまずない。この時も経団連には政府から事前にこんな連絡が入っていた。

「四月一九日に官邸に来てほしい、その際就職協定の話を出したい」

経団連は身構えた。女性の活躍や育児休業の充実を言うだけならいい。しかし、採用活動は個々の民間企業が自分たちの責任で実施している。これも前回の賃金と同じように政府の力で何とかしようというのか。

会議の少し前、内閣府の担当者が経団連を訪ねてきた。

「今度採用時期の問題を打ち出すので、ぜひ財界としても前向きに対応してほしい」

しかし、こう言われた経団連側は首をかしげた。

「採用時期をどのようにするのかは基本的に民間の話。政府がなぜそんなことに口をはさんでくるのか」

こういう疑問を素直に官僚たちにぶつけた。

内閣府側が安倍に近い保守政治家の名前を出し、「学生が学業に専念できないから解禁を後ろ倒しにしてくれと言っている」と語っていたことを、経団連の担当者は記憶している。

採用の解禁時期は戦後ずっともめてきた。いい人材をとりたいと画策する企業側に対して、「大学は学問をするところだ」とする声のバランスをとることは難しかった。

安倍政権はまた就職の解禁問題をいじるという。

「大変奇妙な感じをもった」

経団連関係者はこう振り返る。

内閣府との事前打ち合わせは難航した。一三年の春は、「三年生の一二月一日に広報解禁、四月以降内定」というルールだった。内閣府はこれを「三月開始、八月内定」に後ろ倒ししてほしいと要請したが、経団連側はこう返した。

「ご趣旨は分かった。ただ、まだ経団連内部でも議論ができていないので、会議で具体的なことは言わないでほしい。時期についてはあとで詰めましょう」

しかし、内閣府側は明確な返事をしなかった。

経団連の担当者たちは企業で採用を担当している中堅幹部たちからも話を聞いた。経団連のメンバーは大企業が中心だ。したがって従来なら学生の人気が高い企業が集まっていたが、このころは就職のルールに縛られない外資系の企業が採用戦線に参加してきていた。

この中堅幹部らに経団連が後ろ倒しの話をしてみると、案の定強い反発があった。

「経団連に関係のないＩＴ企業や外資などは自由にやっている。後ろ倒しにしたらいい人材がとれないし、学生の就活期間が長くなるだけだ」

同時に中堅幹部の間からは「安倍さんが言ってくることに今の経団連が反対できるのか」と

いう意見がでた。経済財政諮問会議など、重要な場から米倉が外されていることを意識しての発言だ。ただ、その会議に出席した幹部の一人は全体的にこんな感じを読み取ったという。

「民間が決めることなのに、なぜ」

四月一九日の会合の席上、安倍はこう要請した。

――広報活動の開始時期を三年生の三月に、また採用選考活動の時期を四年生の八月に、それぞれ後ろ倒ししていただきたい。

時期は明言しないでほしいという経団連の要請など、どこかに飛んでいた。

組合への怨念

賃上げに向けた安倍政権の動きは加速していった。しかし、賃上げのためにはもう一人の登場人物を舞台に立たせる必要があった。労働組合だ。普通、組合の春闘要求が一つの契機となり、これに経営側が応えていくことで流れが形成されるためだ。

日本労働組合総連合会(連合)は、一九八九年一一月に発足した。

リーマン・ショック以降、経済変動の波が日本にも襲い掛かってくると、組合としては賃金よりも雇用の確保を重視し始める。安倍政権再発足直後の二〇一三年の春季労使交渉(春闘)ではトヨタ自動車労働組合が事実上のベア見送りを四年連続で決め雇用重視を鮮明にするなど、賃上げは組合の要求としてもやや後景に退いた観があった。

アベノミクスに不可欠と思われ始めていた賃上げも、まず労働界が要求をしてくれないと動き出さない。官僚たちは連合にも事情を説明して賃上げを要請してもらうことにした。

しかし、安倍政権には強い連合不信があった。より正確に言えば、民主党の支持母体である連合への不信が強かった。

ただ、その度合いは政治家によって色合いが違ったようだ。例えば安倍や菅は労働組合と話をするのにも否定的だったのに対して、麻生はやや柔軟のように見えたと証言する官僚もいる。

このときの連合会長、古賀伸明は政官界に広い人脈をもつ。労働側の狙いは官邸との会合復活だった。

「政労会見」と呼ばれるこの会合は組合のパワーを政治に示すいい機会だったし、実際雇用対策や年金制度に関する要望という個別テーマだけでなく、Ｇ７サミットに向けての労働界の意見表明や、予算編成での要請などを政府側に伝えることができる。

連合結成以来、総理もしくは官房長官が政府の責任者として出席し、多い時で年に七回、少ない時でも二回は開かれていた。〇九年の民主党政権発足後は連合と政府が定期的に会い意見を交換する「定期協議」が開始された。

労働問題は本来、厚生労働相の諮問機関である労働政策審議会で話し合われることが多いのだが、政治のトップ、つまり時の首相に直接要望を伝えることは、審議会とは全く違う効果も期待できた。

しかし、安倍政権が再発足したあとは冷淡な態度が続いた。古賀は政労会見の実施を働きかけたがなかなか実現する気配はなかった。結局総理出席の政労会見は一六年一二月、政権発足四年が過ぎたころにようやく復活する。しかし、政権側はこれを「政労会見」とは認めず、「総理との懇談」という位置づけにした。

関係者はそこまで徹底する安倍政権に、組合への「敵意」を感じ取ることすらあった。

古賀は旧知の政治家らを通じてなど、様々なチャンネルを使って政労会見を実施するように政権にアプローチしたが、色よい返事は返ってこなかった。

「民主党政権を作った連合の陳情を何で受けなきゃいけないんだ」

安倍がこう言っているという情報も入ってきた。

当時の首相官邸の雰囲気について、官房副長官だった加藤はこう表現する。

「そこまで彼らの言うことを聞く場は必要ないだろうと。みんないやがっていた」

官房長官の菅周辺では、「連合との政労会見をやるべきではない」というペーパーまで用意されたほどだ。

政治とのチャンネルを確保する必要があるのはどの世界でも同じ。労働界代表として、政策に意見を反映させることは重要だと連合は考えていた。

古賀は〇五年に連合入りした。〇九年から一五年まで会長を務めたのだが、こう回顧する。

「僕は第一次の安倍政権のときから付き合っているが、二次政権の対応は明らかに違った。自民党が政権を失った怨念を感じた。その頂点にいたのが、安倍さんだった」

〇九年の総選挙で自民党が大敗、民主党が政権に就いたとき、連合の幹部たちは政治家たちと全国を飛び回り政権交代を訴えた。安倍周辺にはその時の記憶が深く刻まれている――。そう推測できた。

官邸と労働界の関係がどうなっているのか、情報は霞が関の幹部たちにも入ってきた。安倍が組合に対して怨念に近いものをもっているのは分かっている。とはいっても、連合が一四年の春闘で賃上げを要求しなければアベノミクスは回り始めない。なんとか組合にも理解してもらう必要がある。そして政労使会議への出席にもっていかねばならない。

まず、官房副長官補の古谷と財務省総括審議官の佐藤が連合を訪れた。

このころ官僚たちは官邸に陣取る本田悦朗の存在を頭に入れないわけにはいかなかった。二〇代のころからの友人として安倍に影響力を発揮しているのはよく分かっていたが、本田のようなリフレ派はデフレ脱却のためには「期待に働きかければよいのだ」と言っていた。「そんなに単純なものでもないだろう」と考える官僚は数多く、古谷も佐藤も金融政策だけではなく、もっときちんとしたロジックから考えても賃上げが必要だと思っていた。だからこそ、労働界に春闘できちんと問題提起してもらわねばならない。彼らは連合側に理論立てて話していった。

政労使も官邸内では微妙な位置づけだった。経済界を入れるのは仕方がない。経団連会長の米倉とは最悪の関係だが、大局を考えれば経団連とは良好な関係を築いておきたい。しかし、組合は別だった。自民党を政権の座から放逐した主力部隊と同じ席につくことになる。

政労使の話を首相や官房長官に上げるのはうまく仕組まねばならないという認識は、この問題に関与する者に共通の意識になっていった。

連合を嫌う安倍の姿勢を見ていた官僚の一人は、「政労使をやっても総理は出ないかもしれないな」と考えていた。だからこそ、経済財政諮問会議でこの問題が提起された時も、「政府、経営者、労働者の共同戦略」という表現にとどめていた。

気乗り薄の首相

「政労使」のアイデアが官邸に上がったのは五月のことだったと、関係者は口をそろえる。成長戦略でどのようなことを打ち出すのかの検討が官邸で開かれた席上、「賃上げはアベノミクス成功に不可欠。ならば労働界の協力もいる。これは労使交渉をやるんじゃない。政策論議を行うところだ」ということで「政労使」が説明された。

安倍が連合との政労会見に反対しているというのは、周辺にはよく知られている。新しく設置される会議は決して労働界が政治に要求をぶつける場ではない。あくまでも賃金の引上げを目指して、それぞれの立場で何ができるのかを話し合うのだ――。

首相に説明した官僚たちは繰り返しそう強調した。そして安倍も最終的には政労使会議の開催を認めた。安倍がこう話したのを周辺は記憶している。

「連合は民主党の支持母体だよなあ。やりたくはないけど、政労使ならいいか」

いかにも気乗り薄という感じだった。

連合側も当然安倍政権に対しては批判的で、古賀のアベノミクスを見る目にも厳しいものがあった。

「安倍政権の経済・社会政策を見ていて感じるのは、成長至上主義ということだ。成長至上主義は限界を迎えていると考えている。しかも成長といっても民間に任せない。裏に経産省的なものを感じた」

「この政権はあまりに短期を見ている。二〇年、三〇年先を見据えた議論がない。議論する場もない。それはことあるごとに知り合いの政権幹部たちには伝えた」

自分たちを政権の座から追い出した主力部隊と席を同じくすることに拒否感を示す宰相。アベノミクスの基本に疑念を呈する組合代表。

しかし、立場の違う両者は「賃上げ」という共通の目標を追求するため、同じテーブルを囲むことになる。

戦線統一会議

アベノミクスの「第三の矢」である「民間投資を喚起する成長戦略」を具体化させるため、「日本再興戦略」が六月一四日に発表された。その「総論」の中でこう記された。

「成長戦略で目標とした成長率が実現できたとしても、その成果の果実が供給サイドに留まることなく、最終的には、社会全体の活力が回復し、国民一人ひとりが豊かさを実感でき、将来への希望が持てるようにならなければならない」

そしてこう書いた。

「賃金交渉や労働条件交渉といった個別労使間で解決すべき問題とは別に、成長の果実の分配の在り方、企業の生産性の向上や労働移動の弾力化、少子高齢化、及び価値観の多様化が進む中での多様かつ柔軟な働き方、人材育成・人材活用の在り方などについて、長期的視点を持って大所高所から議論していくことが重要である」

「従来の政労会見や経営者団体との意見交換という形とは別に、政・労・使の三者が膝を交えて、虚心坦懐かつ建設的に意見を述べ合い、包括的な課題解決に向けた共通認識を得るための場を設定し、速やかに議論を開始する」

方向性は明記されたが、「政労使会議」などとは記されておらず「共通認識を得るための場」としか言っていない。「具体化はこれから」という位置づけだ。「政労使会議」などと言ってしまうには、まだ完全に根回しができているとは言えない段階だった。

〝霞が関文学〟に通じた者が読めば、このペーパーは面白い書き方になっていた。

「政労使」の方向性は明記された。しかしそこで話し合われるのは「賃金交渉とは別の諸課題」という位置づけ。「賃上げ」の表現は出てこない。あくまでも賃金は労使間の問題という姿勢を表向き取り続けることに注意を払っているわけだ。

もう一つ。この手の文章は「総論」で問題を提起し、「各論」で具体的な施策や方針を説き起こしていくのが通常とられる手法だ。

今回総論的なことが書かれている第一部で、政労使会議を示唆する表現は盛り込まれた。しかし第二部の各論をみても、政労使のくだりは出てこない。

「ほかのテーマはボトムアップ型。事務局と各省庁が練り上げた。しかし、政労使の話はそうではなかった」

再興戦略の作成に関与した官僚はこう振り返る。

「日本再興戦略」が発表された五日後の六月一九日。曇天ながら東京では最低気温が二五度を超えて早くも熱帯夜となるなど蒸し暑かったこの日、財務省二階の佐藤総括審議官の部屋を、内閣府の石井政策統括官が訪ねてきた。

霞が関で働く官僚は法学部出身者が多いが、経済学部卒業という役人もかなりの数いる。佐藤と石井は大学時代、経済学部の同期だった。

二人は同じ問題意識を抱えていた。スタートしたばかりのアベノミクスを成功させるには、賃金を上昇させねばだめだ。これまで経済財政諮問会議の場や霞が関などで繰り返し議論されてきた政労使は芽を出した。あとはその具体化を図っていかねばならない。

この日の石井の訪問は、佐藤からの「考えていることがある」という連絡から始まった。「ならばそちらに行きますよ」と訪ねたとき石井は、話の中身が「どうやって賃上げにもっていくか」であることはよく分かっていた。

会議をつくることは事実上決まった。しかし、会議をつくっただけで賃金は上がらない。会議を実際の賃上げにどう結び付けていくか。労働界にどう動いてもらえばいいのか。一四年の春闘スケジュールをにらみながら、二人は意見を交わした。アベノミクス成功に向けた内閣府と財務省の「戦線統一会議」とも言えた。

佐藤の属する財務省と安倍政権の肌合いは、決して合うものではなかったし、安倍自身が財務省嫌いであることも有名だった。

また、石井は同じ経産省でも安倍政権誕生の黒子役を果たしたグループには属していない。しかし、今は霞が関と親和性が高い自民党が政権に復帰してきた。そりが合わずとも、政権誕生に関与していなくとも、政策課題が生まれれば全力でその答えを見つけ出し解決策を考える――。

戦後の経済成長を支えた日本の律儀で堅固な官僚制の一側面だ。

確かに安倍政権も「政治主導」を主張している。しかし、「役人を関与させまいと、コピー取りまで自分でやっている」と揶揄された民主党時代ほどひどいものではないだろうと、多くの官僚たちは考えていた。

官僚を悪者にして政治家を相対的に「正義の味方」にすることは政治主導ではない、官僚を敵に回せば結果的に政権が短命に終わることは、ごく最近民主党政権が身をもって示したではないか――。

戻ってきた安倍政権が示す経済重視の姿勢に共感し、「本格政権」の兆しが見えることに大きな期待を抱いていた官僚たちだったが、安倍の言う政治主導がどのようなものか、この時点ではまだはっきりとは見えていなかった。

第2章　内閣人事局の船出

政治主導を目指した安倍政権は「幹部職員の忠誠心を内閣へ」との狙いで内閣人事局の設立に踏み切る。「官僚がなびいたのは、制度ではなくアクター（登場人物）による」との分析もあるが、政官関係の画期となり、「忖度」ムードを霞が関に蔓延させたとされるこの組織はどのように誕生したのか。

安倍の秘蔵っ子

二〇一二年一二月二六日に話を戻す。

その一〇日前の選挙で大勝し、首相官邸に戻ってきた安倍晋三が組閣を行った。自民党の衆議院議員、稲田朋美のもとにも官邸への参集を求める電話がかかってきた。初入閣だ。

稲田は安倍の秘蔵っ子として台頭。保守的な発言を繰り返し、靖国神社の参拝も欠かさないという、立ち位置をはっきりとさせた政治家だった。

第二次安倍政権発足に合わせて稲田は行政改革担当相についた。このときの記者会見で稲田はこう強調している。

「政府内で多くの組織に分かれている行政改革機能を集約した、新しい行政改革推進会議を設置する。具体的には無駄撲滅の推進、独立行政法人改革、国・地方の公務員総人件費の縮減に取り組む。また、市場における競争や新領域の創出により、わが国の社会経済構造を変革し、経済を立て直していくため、規制改革を不断に進める」

（二〇一二年一二月二七日、時事通信配信）

大臣就任時、稲田があまり触れなかったことがある。それは内閣人事局の創設に関してだった。しかし、それは稲田がわざと隠そうとしたわけではなかった。

組閣時には官邸への「呼び込み」が行われる。政治家にとってはうれしくもあり、緊張する場面なのだが、この場で首相から担務について指示を受ける。この課題を頼む、あの政策を実現してほしいなどなど。

しかし、稲田によると官邸に呼び込まれたとき、安倍から内閣人事局に関する指示は一切なかったという。そのときの選挙公約、「自民党政策ＢＡＮＫ」の中にも、他の多数の公約に埋もれるように目立たない形で「幹部人事を一元的に行う「内閣人事局」を設置します」と小さく入っていた程度だ。

初入閣の興奮が冷めお祭り騒ぎが一段落し、まじめに政策課題の検討に入ったとき、稲田には内閣人事局の創設が大きなテーマであることが理解できた。

確かに総理から明確な指示はなかった。しかし、この政権は「政治主導型」の政権運営を目指すと言っている。そうであれば、官僚の人事に全くタッチしないということは考えられない。

ただ、稲田にはこの問題の難しさが実感できていた。

過去にも国家公務員人事の決定方式をめぐっては、霞が関と政治家がバトルを繰り広げてきた。官僚にとってみれば人事は最終的に自分たちの唯一の評価基準だった。仮に事務次官や局長になれなくとも、その役所の中でどういう育ち方をしたのか、どのような問題をどうさばいたのかなどをよく知る省内の人事担当幹部にそう判断されるのであれば、まだしもあきらめがついた。

しかし、権力を握った政治家の一声に自分の一生が左右されるなどとは許せないことだ。たまたまその政治家と知り合いであれば有利で、そうでなければ不利などというのも納得いかない。

このころはまだはっきりとどのような改革が必要で、そのためにはどのような権限の委譲が図られなければならないのかなどは、稲田の頭の中で実像が結ばれていたわけではなかった。

「いろいろ検討するべき点があるのは分かっていたので、(二〇一三年)二月から勉強会を始めた」

稲田はそう振り返る。「勉強会」を設置して問題点の整理を試みた稲田は、何かやるにしても、状況はきちんと把握しておくべきだと考えていた。

それから三か月ほど経った一三年五月の連休明け。稲田は「公務員制度改革を断行する」と決める。触るとやけどするかもしれないテーマに向かおうというわけだから、その決意に秘書官らはびっくりしていたという。

稲田は自らを鼓舞する必要もあってか、五月二四日付で決意表明的なメモを残している。自らが署名し要路に配ったこのメモにはこう書かれていた。（〔　〕内は筆者による、以下同）

平成二一年〔二〇〇九年〕麻生内閣では、甘利〔明〕公務員制度改革担当大臣の強力なリーダーシップの下、「国家公務員法等の一部を改正する法律案（甘利法案）」が閣議決定され、国会に提出されましたが、審議未了で廃案となりました。（中略）甘利法案について、この五年間の日本を取り巻く状況・環境の変化も踏まえながら、逐条ごとに精査していきます。そして、おおむね一カ月後に国家公務員制度改革推進本部を開催し、改革の全体像をお示しし、決定することを目指します。

私は、世界で勝つ日本を創るために、真の政治主導を確立し、政策のプロである公務員が高い倫理観と公共心を持って、国家・国民のために「闘う公務員」となる制度を確立すべく、国家公務員制度を改革してまいります。

戦後日本の政策決定は「族議員」と呼ばれた一部の自民党議員らの存在を抜きにしては語れない。農業とか商工とか特定の分野に特化した議員たちは自民党の「部会」に結集し、ある時は官僚たちと一体となり、ある時は役所に圧力をかけ、政策を遂行してきた。各官庁の人事も、族議員の意向を無視してはなかなか決められないというのが実情だった。

公務員制度改革は何度も何度も政治的テーマとして浮上したが、その都度激しい抵抗にあってきた。〇八年には幹部人事の官邸による一元化を目指した「内閣人事庁」が構想され、その後「内閣人事局」に縮小された組織の設置を含む国家公務員制度改革基本法が成立したが、これを具体化する作業はストップしたままだった。

稲田によると、まず抵抗したのは自らの部下たちだったという。

このメモをつくる少し前の大型連休明け直後のこと。「断行」を決意した稲田は公務員制度改革の「工程表をつくってきて」と指示した。しかし出てきたものは「公務員制度改革はできない」という工程表だった。

公務員制度改革といっても論点は多岐にわたる。内閣人事局を創設し、稲田の言う「国家・

国民のために「闘う公務員」を育成するにしても、越えるべきハードルはたくさん控えていた。ただ、稲田は事前に官房長官の菅らにはその決意を伝えていた。

そしてその決意を聞いて、自ら身の引き締まる思いをした官僚もいた。大谷泰夫だ。厚生労働省出身の官僚だった大谷は一九七六年の入省。官房長などを歴任した後、省内でいえば序列ナンバー2の厚生労働審議官を最後に、一三年七月二日に退官した。

長年の疲れをいやそうとハワイに遊びに行っていた大谷が東京に引き返したのは、新しくできた「内閣官房副長官補付内閣審議官兼行政改革推進本部国家公務員制度改革事務局長」という非常に長い名前のポストに就任するためだった。つまりは稲田の補佐官であり、安倍政権で始まる公務員改革を実施する部隊のトップだ。

稲田は七月九日の閣議で、安倍が本部長を務める行政改革推進本部の下に国家公務員制度改革事務局を一一日付で設置すると報告した。これまでの国家公務員制度改革推進本部の設置期限が一〇日に切れるためだ。その事務局長に大谷が就いたわけだ。

この時のメディアは事務局発足のニュースを「政府は各府省の幹部人事を一元管理する内閣人事局を二〇一四年春に発足させる方針で、同事務局は具体的な制度設計などを担う」（二〇一三年七月九日、時事通信配信）などと短く報じた。

稲田と大谷は、内閣人事局を翌一四年四月に発足させて、七月頃に予想される幹部の定期異動には間に合わせようとフル回転を始めた。

机上の空論

内閣人事局は、二〇〇八年に成立した国家公務員制度改革基本法に基本構想が盛り込まれている。旧厚生省入省の霞が関官僚だった大谷は、政治と官僚の関係について考えることも多かった。

「政治が混乱しているときに官僚だけが屹立していることは許されない」「官僚の公正中立とは何なのか」

こんな疑問を大谷は周辺に話した。

関係者によると、大谷をこのポストに引っ張ったのは官房副長官の杉田和博だった。二人は若いころからの知り合い。官僚同士は昔からの仕事上の付き合いや出向先での関係などから、他省庁の役人ではあっても、長年の知り合いができ、信頼を寄せられる人物も分かってくる。しかし、政と官だとなかなかそうはいかない。大谷が事務局長の仕事に就き、ボスである稲田にあいさつに行ったときのことだ。

「一人できてくれ」という指令が大臣側からきた。

内閣官房の大谷の部下たちは各省庁からの出向者で構成されている。ぞろぞろと部下たちがついてくれれば、稲田との会話はおのずと霞が関にもれる。稲田はそれを警戒していた。反対の声は霞が関からだけではなかった。稲田は自民党内からも「そこまでやらなくても、最初小さく生んで大きく育てるという手法でいけばいいのではないか」「省庁再再編をしてからやっても遅くない」などと言われた。いずれも、事実上やめたほうがいいと言っているに等しいものだった。

政治家がこんなことを言うのは、各省の根回しがなされているからであるとも考えられた。知り合いの財界人から「霞が関を敵にするのはよくないのではないか」などと忠告されることもあった。

稲田は様々な問題の解決を図ろうとするときメモを作成する。

五月に続き、「闘う公務員制度の創造を」と記された一〇ページにわたるメモが関係者に配布されたのは一三年八月のはじめだった。

このメモは五月のものに比べ、論点を整理したものになっていた。そして官僚人事の一元化のところはこう説明されていた。

各省庁の幹部職員（審議官級以上六〇〇人）の人事を内閣がチェックする仕組みとすることで、幹部職員の忠誠心を各省庁ではなく内閣に向けさせ、出身省庁のゼッケンを外させることにする。

現在でも閣議人事検討会議（内閣官房長官が主宰）において、局長級以上二〇〇人の人事は官邸がチェックし、閣議で了承している。それを審議官まで拡大した規模ということになる。

今回の改革は、審議官級以上の任免についてのみ内閣総理大臣及び官房長官との協議事項になるだけであって、あくまで任命権者は各省庁の大臣である。

国家公務員試験で上級職と呼ばれるエリート、いわゆる「キャリア官僚」は——そのポストの呼び名は様々であるものの——だいたい課長、審議官、局長、次官と出世していく。稲田が検討を始めたときは、すでに局長以上の人事は官房長官が司る通称「検討会議」にかけられていた。これを審議官以上に拡大すれば、その人数は六〇〇人近くに膨れ上がるため、反対する官僚は「人数が多すぎる」とも主張していた。

また「六〇〇人一元管理」に対しては、自民党内からも「組織を知らない机上の空論だ」「情実人事が横行する」「官邸の顔色をうかがう公務員が出世するとなると公務員制度が壊れる」などの声が出ていた。確かにすでに官房長官が主宰する閣議人事検討会議があり、局長以上の人事はそこでスクリーニングされる。「あそこの次官人事が差し替えられたらしい」などという噂はいくつかあった。

これに対して稲田らは「任命権自体は現行どおり各大臣のままとした」「各省大臣の任命権の下、総理や官房長官との協議を通じ、政府全体の観点からの人材配置や能力実績主義の人事方針を徹底する」などと強調した。

この稲田メモの考え方は、八月六日の自民党行政改革推進本部でも説明されたが、出席者からは「六〇〇人の日々の仕事ぶりを把握できるわけがない」「政治家の顔色をうかがう公務員ばかり生まれてしまう」などと異論が相次いだと報じられた（二〇一三年八月一七日、時事通信配信）。稲田は「議論は尽くされている」などと前進を図ろうとしたが、そんな試みがすんなり通るような雰囲気は全くなかった。

そもそも稲田に対しては自民党内に、ひがみともやっかみともつかぬ微妙な空気があった。わずか当選三回で大臣のポストを射止めたのも、安倍チルドレンとして抜擢されたからだ。

周囲の官僚も「総理が持っている国家改革の意識を公務員全体で共有するべきだ。そのための公務員改革だ」と稲田から繰り返し聞かされ、「闘う公務員」などという激烈なフレーズが並んだメモを見せられると、思わず鼻白んでしまうこともあった。

自民党にでかけてきた稲田から「総理はこうおっしゃっている」と檄を飛ばされた議員たちは反発を強めた。大谷ら稲田を支える官僚らが、しばらく党への出入りをやめさせようとしたほどだ。

しかしそんなことはお構いなしに、稲田は突進していった。党の反対を抑え込みつつ、若手の支持を得ようと、自身が会長を務める党内右派の拠点、「伝統と創造の会」でこう訴えた。

「公務員制度改革は戦後レジームからの脱却です」

そんな稲田を支える大谷は、公務員制度改革にはここらへんで決着をつけねばと周辺に漏らすこともあった。

これまで霞が関は「公務員制度を課題にする」ということからずっと逃げていた。「政と官」の問題は常に政治の側から提起され官僚は受け身だったが、大谷は周辺にこう伝えた。

公務員制度改革が火種になっているようでは官僚組織が落ち着かない、決着をつけよう、と。反発は承知だった大谷は、各省庁の事務次官を回ることにした。「もう決着をつけよう」と。「まとめるの、まとめないの?」「許容範囲であればまとめよう」と。

各省次官から、予想された徹底抗戦はなかった。一番拒否感が強いのは局長級を公募で決めるという案だったが、これは稲田が外してもいいと考えていた。

各省次官は「任せるから案をまとめてくれ」と大谷に託す者がほとんどだった。

人事院の抵抗

内閣人事局設立のための法案提出は秋の臨時国会となる。調整は急がねばならなかった。

各省調整というと、たいていの場合は、権限や予算を失う省庁が様々な理屈を持ち出して抵抗するのを妥協点までもっていくというケースが多い。しかし今回の場合は登場人物が普段とは違っていた。

「幹部公務員の公募」などという、霞が関にとっては過激な条項は消えかけていたものの、稲田が「闘う公務員」を目指すには、いつもの調整とは異なる特定の役所と対峙せねばならなかった。それは人事院だった。人事院は、国家公務員の採用試験の企画・立案機能や、給与水準の勧告、各省の役職者の定数（級別定数）の設定・改定機能を有している。公務員にはスト権が認められていないため、その代償措置として、内閣から独立する形で仕事をしている。内閣人事局は幹部人事の一元決定だけでなく、公務員の人事制度を司る様々な機能を併せ持つことが求められたため、普段は地味な存在のこの役所が内閣人事局創設で超えるべき大きなヤマとしてそびえていた。

この役所を知る官僚の一人はこういう。

「人事院は人事の中立・公正がレゾンデートル（存在事由）。このテーゼを外しては生きていけない。非常に原理原則を重んじる組織だ」

人事院が公務員制度改革の中で問題となるのは今回が初めてではなかった。二〇〇八年から〇九年の麻生政権時代の「甘利改革」のときには、当時の人事院総裁、谷公士《たにまさひと》と真正面からぶつかっている。

このときは人事院のもつ「原理原則重視」が裏目に出た形だったが、稲田の進める改革案にも強い反発が予想された。採用試験の企画・立案機能や、各省の役職者の定数（級別定数）の設定・改定機能を内閣人事局に移管する方向性を明示していたためだ。

稲田と対峙する人事院側のロジックは、「内閣人事局ができれば官邸一強に拍車がかかり、人事をエサに行政がゆがめられるから反対」などというものではなかった。

例えば、一番大きな問題として残ったのは、各省の役職者の定数を定める権能を人事院から内閣人事局に移管するかだったのだが、人事院は「労働基本権制約の下では使用者たる内閣官房ではなく第三者機関であるわれわれが担うべきだ」とする筋論を前面に出して反論した。それが公正な人事管理の維持につながるのだと。

のちに官邸一強に道を開いたとされる内閣人事局の創設に抵抗したのは、別に霞が関に対する安倍や菅のパワーアップを阻止しようとしたものではなく、自分たちの既得権限を削がれることへの反発が中心だった。

メディアはこんな人事院の姿を「徹底抗戦の構え」（二〇一三年八月一七日、時事通信配信）と報じた。

ある官僚はこう話す。

「人事院はガンジーみたいな組織。信念でがんばれば通じるみたいな」

公務員給与の人事院勧告で存在感を発揮するこの役所は、そのチャンスを逃さず、八月の勧告の中でこう懸念を表明した。

「内閣人事局の役割と各省大臣の組織・人事管理権との調和を考慮して適切な制度設計を行

う必要がある。級別定数は重要な勤務条件であり、労働基本権制約の下では、級別定数に関する機能は中立・第三者機関が代償措置として担う必要がある」

しかし、このとき徹底抗戦の路線はとらなかった。

各省でいえば官房長的な機能を果たす総括審議官についていたのは、財務省出身の永長正士《ながおかまさし》。人事院のもつ「撃ちてし止まん」という精神主義は必ず行き詰るとみて、現実的な落としどころを求めた作業に専念する。

彼らは、安倍が政権に復帰した時から、以前のような公務員制度改革が再び問題になるだろうとみていた。当時は行政改革担当相の甘利と争ったのだが、今その甘利は安倍の側近として権力をもつ政治家になって戻ってきた。どのようなことが起こると考えられるのか。どのような対応ができるのか。人事院はシミュレーションを始めた。

最大の問題になった「級別定数」とは何か。国家公務員は「八級」「七級」などとランク付けされている。どの省庁には何級の官僚が何人、一つ下のランクは何人などと細かく決まっている。これはもともと情実人事を防ぐ目的で導入された制度。この級別定数を定める権能が内閣人事局に移管されようとしている。対応策の構築を急いだ。

「各省に圧力をかける」

二〇一三年の夏も過ぎ。秋の声を聞くころ、稲田たちも最終的な戦略を練った。このころになると、部下たちも「行革は無理」などという姿勢はとらず、事務局長の大谷の下で結束して大臣を支えるようになっていた。

「局長級の公募」など、各省庁が言う過激な内容が外れれば、残るのは権限移譲の問題だ。

このとき人事院と並んで抵抗の中心的存在となったのは総務省だった。省、局、課それぞれの定数管理や組織新設のスクラップ・アンド・ビルドを調整する権能は総務省にある。これをそのまま内閣人事局に移そうというのだから、コトは簡単にはいかず、大谷らとの交渉は難航した。

二つの役所が反対している場合、同時決着ではなく、どちらか一つを全力で攻め落とすのは霞が関の定石だった。大谷ら事務局はまずターゲットを人事院にしぼった。

そもそも人事院には行革のたびに「必要な組織なのか」と問題になってきた経緯がある。公務員の労働基本権を剝奪する代償として設立されたが、特に〇九年の甘利改革のときは組織の存亡に瀕した。大谷たちはそこを突いた。

「人事院には取り潰しのリスクがあるぞ」

人事院の幹部たちが政治家を回っていろいろ画策していることは官邸もよく知っている、菅や杉田は激怒している、変な根回しなどせずに現実を考えろ、さもなくば本当にお取り潰しになるぞ――。

大谷らはこう迫った。

人事院の側も「撃ちてし止まん」方式ではだめだというのはよく分かっていた。特に財務省出身の永長は相手との間合いをはかりながら、「役人の立場」で対応した。「第三者」とか「中立・公正」というテーゼを掲げる人事院で、「役人の立場」を打ち出すのは簡単ではなかったが、それでも大谷らに対して、永長たちは級別定数の問題で「人事院の意見をつくって内閣に渡してそれで決める」という譲歩を示し決着した。

人事院は説得に応じた。残るは総務省だけになった。

もしこれ以上徹底抗戦を続けて、内閣人事局に関する法案が提出断念に追い込まれれば、総務省は安倍政権の「目玉政策」をつぶした犯人にされることが目に見えていた。

最終的には官房長官の菅が裁定し、総務省の定員管理や機構の新設などについての機能は内閣人事局に移管することが決まった。

一一月五日の閣議で、「二〇〇人以上の体制とする内閣人事局を内閣官房に設置する」「局長は三人の官房副長官の中から首相が任命する」ことなどを柱とした国家公務員制度改革関連法案が決定された。

記者会見した稲田はこう強調した。

「公務員制度改革は第一次安倍内閣以来の課題だ。内閣の重要政策に対応した戦略的人材配置を実現し、職員一人ひとりが責任と誇りをもって職務遂行できるようにする」(二〇一三年一一月五日、時事通信社配信)

法案成立は臨時国会の日程が窮屈だったこともあり、年明けの通常国会に先送りされた。

翌一四年の一月、稲田はワシントンを訪問し、シンクタンクで公務員制度改革を説明した。

こんな記事が配信された。

【ワシントン時事】 稲田朋美行政改革担当相は一三日、米ワシントンで講演し、安倍晋三首相が成長戦略の柱に位置付ける規制改革について「内閣人事局で人事を握り(各府省に)圧力をかけていくことが、本当に法律を変えるという結果につながっていく」と述べた。(中略)稲田氏は「規制改革が進まなかったのは各省が縦割りで、むしろ規制を強化した人が(省内で)登用されるというシステムだった(からだ)」と指摘。「内閣で幹部人事をきちんとグリップすることが規制（改革）を目に見えて前に進ませる要因になる」と強調した。
（二〇一四年一月一四日、時事通信社配信）

「人事を握り各省に圧力をかける」と稲田はその狙いを明確に語っている。前年八月のメモで「真の政治主導を確立する」とか「幹部職員の忠誠心を各省でなく内閣に向けさせる」と書かれたことの言い方を変えればこうなるわけだ。

仕切りは誰が

この法案は四月一一日に参議院で可決され、内閣人事局による人事異動がこの年から適用されることになった。

内閣人事局はできた。では、それを仕切る「局長」は誰になるのか。法律には官房副長官が兼務すると書いてある。官房副長官は衆参の政治家が一人ずつ、官僚出身が一人の合計三人いる。

霞が関の人事を握るのは政なのか官なのか——。

一部の役所を除いて、官僚人事は通常国会閉幕に合わせたものとなる。六月とか七月が「人事の季節」だ。すでに時は四月も半ば。霞が関や永田町の関心は、否が応でも高まった。
官房副長官は官房長官を補佐しながら霞が関や永田町との調整を行う重要な役割を果たす。政治家はこのポストを経て出世していくケースが多く、安倍自身も、小泉内閣で官房副長官として頭角を現した。

しかし、官房副長官は三人いる。このときは、衆議院議員の加藤勝信、参議院議員の世耕弘成《せこうひろしげ》。そしてもう一人は官僚出身の杉田。この三人のうちの誰が局長を兼務するのかで、内閣人事局制度の色彩は変わってくるとみられていた。

加藤や世耕が就けば、「政治主導」という色合いはさらに濃くなる。一方、杉田が就けば、官邸のチェックが加わるとはいえ、「人事検討会議」とくらべてあまり変わりのないものになりそうにもみえる。

「内閣人事局長」の決定に備えて官僚側も一工夫こらしていた。「内閣人事局次長」というポストを作らなかったのだ。もし「次長」ポストをつくり、そこに官僚が就けば、「トップは政治家で」と言っているに等しくなる。次長に政治家、トップに官僚という構図は考えにくい。

そうなると、次長ポストは作らないほうがベターだ。トップに政治家か官僚かという決断の余地を残しておくべきだろう——。

制度設計にあたった官僚たちはこう考えて次長ポストを作らなかった。

ただ、局長人事はそう簡単ではなかった。

当然霞が関の幹部官僚たちは杉田の就任を期待したし、関係者によると杉田も周辺に対して「心配するな。役人の人事は事務がやるものだ」と言っていた。「事務」というのは官僚出身の副長官を指す。

しかし、この長官人事を決める安倍と菅は、そうは思っていなかったようだ。菅がかなり早い段階から周囲に「政治家にする」と言っていたのを聞いた関係者もいるし、「杉田さんは一時勘違いをしたのではないか」とみる官僚もいる。

いずれにしても、最終的に安倍が判断したのは、加藤副長官の人事局長兼務だった。

「総理から「やってくれ」と言われた。人事が役所の論理で決められていておかしいということで議論が出発したのだから、その趣旨に副えば、政治主導ということで政治家が就くのは当たり前でしょう」

指名を受けた加藤はこう振り返る。

杉田との間で人事が行ったり来たりということはなかったと稲田も言う。

「これは政治の問題。官房長官は政務の副長官にすると決めていた。政治主導を目指していたので、人事局長を政治家にするのは最初から分かっていた」

この人事を横で見ていた関係者はこう振り返る。

「役人に人事を決めさせてしまうと、政治が決めるという建前がなくなる。加藤さんになったとき、杉田さんにしなかった理由がそういう感じで聞こえてきた。杉田さんも自分でやるとは言えない。総理や官邸から杉田さんに降りてこなかったということだ。「政治主導」ということはゆるがなかった」

財務官僚から政治家に転身した加藤の経歴をあげる関係者も少なくない。「加藤さんは公務員のしっぽを残していた。限界はあるだろうが、公務員的な知識がなくてしくじることはない。そういう安心感はあった」と、政府高官は話す。

加藤が閣僚となり副長官を卒業すると、後継の萩生田光一《はぎうだこういち》が政治家として内閣人事局長に就いた。二〇一七年夏の内閣改造に伴い萩生田が閣外に出ると、局長のポストには杉田が任命された。

安倍政権が政治主導を捨てたわけではないのなら、なぜ杉田という官僚の代表を局長に据えたのか。そのポイントは官房長官の菅の存在だった。この時点で政権奪還から四年半。毎日そばで仕事をする姿を間近に見ていた菅の杉田評は非常に高い。ある財務官僚が「菅さんは表と裏で違うことを言う官僚を一番嫌う」というのと逆に、杉田に関して菅は「こいつは裏切らない」と判断したようだ。言いかえれば人事面での「政治主導」は一定程度完成の域に達し、政治が局長のポストを手放してもこの政権である限りは大丈夫だと判断されたようだ。

また内閣人事局の創設に関与した官僚は、このシステムが官邸一強、もしくは霞が関支配の補完として使われており、霞が関はこのシステムが怖くて官邸の意向を忖度しているのだという一般的な見方に疑問を呈する。

「それまでも官邸が好まない人事はひっくり返されるケースもあったし、人事検討会議も本当に機能すれば同じような状態になっただろう。問題は制度ではないと思う。やはり首相、官房長官がどれだけの権力を持てるかだろうと思う。官僚たちはそれをじっと見ている。今のように衆参で圧倒的多数をもち、支持率も高い政権であれば、仮に内閣人事局がなくてもいろいろ(人事について)言われただろう。今は法律的な制度があり、透明性が確保されているだけまだましだ」

「安倍政権になる前も官邸に人事検討会議があった。差し戻しということはないが、時の政権の意向が働く余地はゼロではなかった。内閣人事局の対象は審議官クラスまで対象が広がるが、協議の過程は文書に残る。官邸のチェックが透明になる。政が強くなって官が弱くなったという見方は単純すぎる」

別の幹部はこう話す。

「内閣人事局がなくても、それまで同様の人事検討会議があって身動きがとれないことは同じ。政治家の強さだ。菅さんのグリップがきついのを、官僚はみんな知っている。もし官邸が弱ければ自民党の先生たちが介入してくることになる」

内閣人事局という制度ではなく、アクターである政治家の「強さ」によるということのようだ。

担当大臣として突進していた稲田は、法案が閣議決定される直前の一三年一〇月一七日付の「闘う公務員制度の創造を」と題するメモの中でこう書いている。


総理や官房長官が幹部人事のチェックをできるとすると、官邸の顔色ばかりを窺う官僚となったり、官邸の覚えのめでたい人間を幹部に据える情実人事が行われるのではないかという懸念もある。この点については、①そもそも誰を幹部にするかの原案は各省大臣がつくるのであり、各省でもきちんと評価されてない人間が候補になることはない、②幹部候補者名簿や官邸との任免協議のシステムに関する政令を定めるに当たっては、中立公正確保のために人事院の意見をあらかじめ聴くこととし、適切なルールを設けるといった工夫も行って、懸念は払しょくできていると考える。

このメモを書いた稲田はこう振り返る。

「公務員人事決定の説明責任が格段に向上した。人事評価をつくって官邸と相談するとか、内閣人事局の透明性と説明責任が生じたとみるべきだろう」

そしてこう付け加えた。

「(人事権を)握っていることに謙虚さを持っていないと、悪い使われ方をする可能性がある」

内閣人事局の創設を横で見ていた内閣官房の幹部官僚はこう話す。

「これは官邸への権力集中を狙った行政改革の仕上げと言ってもよかったのかもしれない。この動きは九〇年代後半から始まっていた。内閣法を改正して首相の権限を法律的に強化し、人事検討会議で人事を牛耳る体制の萌芽をつくり、内閣人事局でそれを完成させたということなのだろう」

第3章 「政労使」発足めぐる攻防

政策課題として浮上してきた賃金引上げを狙い、政権は「政労使会議」を設営し「絆税制」と呼ばれた復興法人税を前倒しで廃止した。その舞台裏を検証すると、与えられた課題を条件反射的に仕上げようとする日本の官僚制度の存在が実感されると同時に、省益を軸に動く各省庁の思惑も見えてくる。

一つのアイデア

二〇一三年の夏がやってきた。

アベノミクスの中心的課題である金融政策に関して日銀は「異次元緩和」を開始していたし、賃金問題が宿題として残っていることに気づいた霞が関が労働界を巻き込みながら態勢を整えようとしていた時期だ。

しかし、より重要なのは、政権をとって初の大型国政選挙となる七月二一日の参議院選挙で自民党が大勝したということだった。

安倍は安定政権への道を歩み始めている――。こんな認識が霞が関で共有されるのは自然だった。政策課題の進捗にも力が入った。

参議院選挙直前だったと関係者は記憶する。

首相官邸前の内閣府ビルには、内閣府や内閣官房に属する高官の居室が並んでいる。五階の官房副長官補室を訪ねてきたのは経産省で産業政策局長に昇格した菅原郁郎《いくろう》だった。

菅原は安倍政権復活の黒子として知られている。前年末の総選挙で自民党が政権を奪還する前、つまりまだ民主党政権が継続しているとき、安倍周辺に出入りする菅原ら経産省幹部の姿が頻繁に目撃されていた。

「彼らは民主党政権を見限り自民党に走っている」

こんな風評が霞が関や永田町で立っても、菅原たちはあまり気にする風でもなかった。

安倍が政権を奪還して首相に返り咲いた後も、経産省は派手な動きをやめなかった。産業政策局長の菅原は、官邸直轄の日本経済再生総合事務局の事務局長代理という併任発令を受け、本来であれば所管外である経済政策全体の問題に正当に首を突っ込むことができた。

このころ霞が関官僚の間では「賃上げ」が主要な政策テーマになりつつあった。

官僚たちは機を見るに敏だし、またそれくらいできないと政策展開にはついていけない。菅原は周囲に、「賃上げが重要テーマであることを頭に刻み込まねばだめだ」と話していた。

そんな菅原が訪ねたのは五階にいる官房副長官補の古谷一之だった。

官房副長官補というポストは、官房長官や副長官を補佐して霞が関全体の政策を統括する。古谷は財務省出身で主税局長から国税庁長官を経て、副長官補のポストに就いていた。以前は「内閣内政審議室長」と呼ばれたこの椅子は伝統的に財務省出身者が就いてきたので、古谷の就任も意外感なく受け止められた。

霞が関を牛耳ってきたと言われる財務省の中でも、予算編成経験が長い主計局系、税制などに通じた主税局畑、通貨問題などを扱う国際派と、大まかにいえば三つの流れがあるのだが、古谷は明らかに主税局畑の人間と分類された。しかし、官房副長官補が扱うのは、オール霞が関の問題。各省庁間の話し合いで収拾がつかないテーマや、官邸直轄の問題などがこの部屋で討議された。

関係者から「古谷補」と呼ばれたこの高官のもとを訪ねてきた菅原は、このとき一つのアイデアを抱えていた。

古谷に向き合うと菅原はその考えを披瀝した。

「法人税の実効税率を引き下げたい」

経済好転の流れをつくらないとだめだ、賃金も引き上げさせねばならない、その最初のトリガー(引き金)がほしい、それを法人税の引下げに求められないか——。

菅原はそんなアイデアを古谷に投げた。

法人税というのは企業の儲けにかかる税金のことだ。この税率は地方法人税など地元の自治体における地方税もあるので、所在立地によってやや異なる。これを「実効税率」というが、経済界は日本の税率が高いと常に問題にしていた。

これに対して財務省は伝統的に法人税減税には消極的だった。中小を含め日本企業の三分の二は赤字法人であり、減税をしても効果は薄いなどと反論してきた。

古谷は財務官僚時代、主税局長や国税庁長官など税務行政の経験が長い。このときも「実効税率を引き下げるのは財務省が納得しない」と否定的だった。

財界包囲網づくり

しかし、二人の話は意外な方向に落ち着く。それは復興特別法人税を一年前倒しして廃止するということだった。

二〇一一年三月一一日の東日本大震災。この未曽有の災害からの復興をどのように財政的に賄うのか。議論の結果出てきたのが、復興特別法人税と復興特別所得税だった。税金を納めている人々はすべてこの網にかかってくる。「今を生きる世代全体で連帯し負担を分かち合うことを基本とする」との考え方に基づく日本全体をあげての支援だった。

ただ、「期間」では差がついていた。国民一人一人が納める復興所得税は三七年まで続くが、復興法人税は当初から一四年度末までということが決まっている。

震災からの復興は安倍政権の看板の一つでもある。その重要な柱の復興法人税を一年前倒しして廃止するのは、政治的なリスクを伴った。

しかし、仮に前倒しで廃止しても、復興財源に穴が開くとも思えなかった。

菅原などは、黒田異次元緩和で大きく円安が進み、景気も完全に回復軌道に乗ったと判断できるので、予算書に「八兆七一四〇億円」と書き込まれた法人税収は大きく上振れすると予想していた。それならば、一三年度に一兆九三五億円と見積もられた復興特別法人税を前倒しで廃止してもその穴は簡単に埋まる。

菅原はこう読んでいた。そして周囲にもそう説明した。つまり財源に問題はないと。復興法人税廃止を梃子に企業に賃上げを迫っていくという戦略を菅原は描いたと周辺は見ていた。

しかし、関係者は古谷から別の考えを聞かされていた。

このとき財務省の最大のテーマは、一四年四月に予定された消費税引上げをどうやったら確実に実行できるのかだった。当然首相官邸の判断にはなるのだが、五％から八％への引上げを確実にするには、首相も喜ぶ「タマ」が必要になる。ならば、首相の信頼が厚い経産省の言う法人税の引下げをタマにするのはどうだろう。法人税本体は難しいが、復興法人税は廃止が決まっている。アベノミクスの効果で法人税収はある程度上昇する。だとすれば一年前倒しで廃止しても、財源に穴は開かないだろう。消費税アップのタマにできないだろうか。古谷と菅原の話は、最終的に復興法人税の一年前倒し廃止でまとまった。

企業に賃上げを迫るためなのか、消費税増税を確実にするための補助手段なのか。全く別々の思惑が「廃止前倒し」で一致した。

「それじゃあ、その線で動きますので」

菅原はこう言って「古谷補」の部屋を出た。もちろん復興法人税廃止そのものが目的ではない。その先にある賃上げが目標だ。そのための財界包囲網づくりの第一弾になる。

古谷は動かないだろうと経産省はみていた。副長官補という各省を取りまとめる役割の官僚が積極的に特定の政策で旗を振ってはならないし、少なくともこれは減税だ。常に税収を考える財務官僚にとっては危険な選択肢になる。

しかし、菅原や経産省はそれでもよかった。「否定せず」もいらない。「妨害せず」でいてくれればいいと。霞が関の作法で「妨害せず」は「それでいいよ」という肯定のサインに等しかった。

法人税の見積もりと、実際の法人税収の間にはよくギャップが生じていた。菅原をはじめとする経産省は、改めて試算してみた。そして、一三年度の補正予算で必ず「税収の上振れ」が計上されると予想していた。その額は八〇〇〇億円程度。計算が正しいとしたら、復興法人税を一年前倒しで廃止した額とほぼ見合う勘定になる。経産省はそうにらんだ。

しかも、一三年は景気回復の声があちらこちらから聞こえてきていた。菅原らはこのままいけば、一四年春に企業は賃上げを実施せざるを得ないと読んだ。その背中を押すためにも、とりあえず復興法人税の廃止が必要になると確信していった。

復興法人税の話は財務省にも流れてきた。財務省も複雑だった。

法人税の税率引下げは考えないでもなかった。「課税ベース」を広げれば、歳入の絶対額が大きく落ち込むことはないとみられたからだ。法人税に関しては、様々な租税特別措置で特定の企業が税制面で優遇されていることがある。そのような特別措置を廃止していくことは、一般に「課税ベースの拡大」と呼ばれた。

しかし、復興法人税は違う。これは法人税額の一〇％を追加徴収する。東日本大震災が発生した一一年に「今を生きる世代全体で連帯し負担を分かち合う」として、復興特別所得税とともに導入された。復興法人税廃止前倒しの話が伝わってきたとき、主税局内には「やむを得ず」の空気があった。ある幹部はこう話す。

「この話を深刻に受け止めたわけではない。復興法人税の廃止前倒しは単年度だけのこと。

これは恒久減税ではない。税率を引き下げているようにも見える。やったらいいではないか。むしろ法人税本体に話が及ぶのをどうやって先に延ばすかを考えていた」

さらにこう考える官僚もいた。

「財政的なダメージもない。税制的にも大きな影響がない。ならば高く売ろうと思った」

また別の幹部はこう回顧する。

「われわれもかなり早い段階から法人税本体への言及を避けるためには、復興法人税しかないと思っていた。法人税本体にはこないという意味で」

官房副長官補の古谷と同じ発想をする官僚もいた。

「復興法人税のことを聞いたとき、真っ先に消費税のことを考えた。消費税を上げられるならば筋の悪い話ではない、と」

カブキプレー

主税局長の田中一穂は逆だった。廃止前倒しに強く反対した。しかし、部下たちは、田中のこの猛烈な反対を一種の「カブキプレー」と見ていた。本心とは別の建前的なことを言っているというわけだ。

局長として最初から「復興法人税の廃止前倒し賛成」などと言ってしまえば、財務省与しやすしとなり、次は法人税本体で、と一気に攻め込まれる恐れがある。「復興法人税は仕方がない。本当の防御線は法人税本体だ」などと公言する者はいない。実際、このとき田中は官邸関係者に「こんなの譲っちゃおうと思っている」と本心を明らかにしている。

ただ、本当はどう思っているかは別にしても、局長が「反対」というものを部下たちが「賛成」とは言えない。対外的に「廃止反対」を言い続け土壇場で譲った方が「高く売り込める」という計算もできる。

主税局は大臣の麻生にも復興法人税廃止反対をレクチャーした。財務省全体で「カブキプレー」を行う訳だ。

税金の話は主税局で扱うが、もう一人重要な登場人物がいた。自民党税制調査会長だ。課税をめぐる議論は国家そのものだった。したがってそこには政権政党も深く関与した。それが自民党税調だった。

位置づけは党内の政務調査会の下にあるいろいろな調査会や部会の一つなのだが、現実問題として党税調の幹部たちをクリアしないと消費税にせよ法人税にせよ、税制の問題は一歩も前に進まなかった。特に山中貞則ら大物党人派が牛耳っていたころはその傾向が顕著。政権といえども、触れることができなかった。

しかしその後、内閣の強化＝行政府の力の増大という構造変化の中で、少しずつ、少しずつ、党税調も往年のパワーを失っていった。

二〇一二年暮れ、安倍が政権に返り咲いたあとも、党税調の会長を続けていたのは野田毅《たけし》だった。党人派の山中とは違い、もともとは大蔵省の官僚だった。

選挙区である熊本のゆるキャラ、「くまモン」をあしらったグッズをあちこちに配置する議員会館の部屋で財務官僚たちから復興法人税の話を聞いた野田は、安倍政権再発足以降、野党が多数を占める参院でどうやって税制改正法案を通すかに全力を挙げてきた。一二年一二月に選挙があったため、一三年度の税制改正法案の審議は大幅にずれ込んでいた。

最終的に野党民主党も賛成したこの税制改正は、野田によれば「参院で野党に抵抗されたら大変」ということで、事前に野党側と話し合い「多少のことは受け入れる」と修正に応じて何とか成立にこぎつけたのだ。

復興法人税の話は「一四年度税制改正の課題」として野田の頭に残った。ただ消費税率引上げに関連した軽減税率の話もあり、党税調は復興法人税に焦点を絞っているわけではなかった。

「文句があっても協力せよ」

経団連ビルは東京・大手町の高層建造物群の最北端に位置する。ＪＡ全中（全国農業協同組合中央会）などが入るＪＡビル、日本経済新聞社本社ビルなどと一体になった三棟のビルの一画を占める。

官房副長官補の古谷と内閣府の担当幹部だった石井裕晶が、この経団連ビルを訪ねてきたのは、二〇一三年八月のことだった。政労使会議構想の説明と、参加要請のためだ。「経済の好循環にむけての政労使会議」という位置づけが政府の側から示された。

政労使会議の具体的な姿が見えてきた。扱うテーマは、賃金のみならず、雇用、非正規労働者、中小企業など幅広いものになった。

しかし、経団連側には強い違和感が残った。話を聞いた幹部の一人はこう言い切った。

「異常な経済政策をとるんだな」

「何のためにそんな会議を開くのか」と聞くと、官僚たちは「好循環を回していくことが重要だ」としか言わない。要するに賃上げが必要ということなのだろうが、それはあくまでも民間の話ではないか。

復興法人税の話が来たときも経団連側は身構えた。

「われわれとしては法人税本体の引下げが長年の課題だったから、復興だけまけてやるから、あとは知らないとなったら困ると思った。わりあい警戒的だった」

当時、税制を担当する経済基盤本部に在籍していた幹部はこう説明する。

しかし、「安倍政権には文句があっても協力せよ」というのが経団連上層部の命題だ。賃上げというのは自由な企業活動の核心部分。それをなぜ政府からあれこれ言われなければならないのか――。そんな疑問を飲み込みながら経団連は参加の意思を伝える。もし米倉弘昌会長と安倍の関係が悪くなければ、そこまで協力的だったかは分からないと感じた幹部もいた。

八月八日、経済財政担当相の甘利明が経産省の菅原を連れて官邸を訪ね、安倍に「こんなことをやります」と政労使会議の趣旨を説明した。すでに五月から安倍の耳に入っていたし、六月の「日本再興戦略」にも書かれているので既知の事実ではあったが、担当大臣が首相と話をして方針を決めるという儀式は不可欠だった。

このころになっても「連合のためにやるのは面白くない」という安倍の思いは伝わってきた。あるとき、安倍が周辺にこう言ったという話も伝わってきた。

「支持母体でもない人のためにやるんじゃない。お国のためにやるんだ」

ただ、同時に「いろいろなテーマでやるならいいけど」とも付け加えたという。

これを伝え聞いた官僚は「条件付き賛成と自分を思い込ませようとしているのではないか」と推し量った。

甘利はこうも説明した。「賃金が上がるのを待つだけではない。政労使会議を通じて賃金が上がる背中を押すことが重要だ」

認識ギャップ

このころ、東京・神田駿河台の連合本部でも、幹部たちが何回か話し合いをもった。テーマは「政労使会議」への対応だ。すでに政府からは打診という形で話が持ち込まれている。

政府側はこう考えていた。

デフレの進行により、労働界は「賃上げ」よりも「雇用の確保」に重点をおいてきた。それは賃金上昇を抑制している大きな要因だ。来年の春闘ではぜひその方針を転換してもらわないと、好循環が実現しない――。

この時の連合会長は古賀伸明。古賀はこう主張した。

「賃金や所得が大事なんだということで政府の考え方と差はない。否定はしない。ただ、それを政府が経営側にどうしろ、こうしろというのはおかしいのではないか。決定は労使自治で行う」

何回か話し合いがもたれたが、連合側はいくつかのポイントを指摘した。

「柱の立て方と政府の役割や労使の役割を明確にすることが大事だ」

「政府は大手企業の賃上げに着目したようだが、中小企業や非正規労働者の賃金上昇の広がりこそ、デフレ脱却のカギになる」と連合側は主張した。

確かにこれは事の本質を突いていた。

デフレが生じるのはなぜなのか。解決策にはどのような手段が有効なのか。

安倍政権の一番の政策課題に掲げられた「デフレ脱却」をめぐって一番目立ったのは「リフレ派」と呼ばれる人々だった。この人々は、「デフレは貨幣現象であり、日銀が緩和をより積極的に実施すれば、デフレから脱却できる」と主張した。

日銀の総裁に任命された黒田東彦は、積極的な緩和により「二年で二％は達成できる」と言い切ったし、副総裁に就任した大学教授の岩田規久男は、国会審議の場で「二年で物価上昇二％が達成できない場合の責任の取り方」について質問を受け、「最高の責任の取り方は辞職」と答弁した。

これに対して、「デフレはそれほど単純な経済現象ではない」という学者やエコノミストが多数を占めたが、連合のデフレ観も「リフレ派」とは一線を画していた。

要するに需給ギャップが生じている。それがデフレの原因。だとすれば需要を喚起するのが解決の道。一部大企業が儲かっても、収益がそこにとどまれば経済は循環しない。しかも日本の企業数の九九・七％は中小企業。そこで働く人々の賃上げこそ、そして全国で二〇〇〇万人に達する非正規労働者の懐を豊かにすることこそが、デフレ脱却の近道だ――と連合は考えていた。

もう一つ、連合側が強調したのは「政府は環境整備に徹するべきである」という点だった。賃上げというのはあくまでも民間の営為だ。そこに公権力を行使して政府が乗り込んでくるのは話の筋が違うというわけだ。これは経営者側も強く疑問に感じていた点だ。

連合は半信半疑だった。安倍政権が賃上げに熱心であることは理解した。しかし、これは民間の問題である。公権力がどうこう指図する問題ではない。しかも舞台に上げられてはしごを外される可能性だってある。政府がすべて本当のことを言っているとも限らない――。

そう考えた連合は政府の本当の狙いを探ろうとした。事務局で企画局長を務める仁平章《にだいらあきら》が経団連の担当者に接触した。彼らは事務的な事柄を含めて、日常的に連絡を取り合っている。

「こちらにはこんなことを言ってきているのだが」

経団連との会話の中で、連合は政府が本当に「政労使会議」をやろうとしているのだと理解した。

そして、連合と経団連は、「数値を特定して賃金を上げると受け取られるような三者会談であるならば受け入れられない」という認識で一致した。

最終的には連合の主張を取り入れると政府側が明確にしたため、労働側もテーブルにつくことを決めたが、一連のやり取りを通じて政府の担当者たちは「民」の疑念の強さを感じ取った。

官製春闘

九月三日、政府から連合に対して正式に参加要請がなされた。

それまでにも何回か事前の意見交換はしているし、八月には古谷や石井といった高官の来訪を受けていたので話はスムーズだったが、政府側はもう一度説明をした。

――今年六月一四日の閣議で「日本再興戦略」を決定した。その中に成長の果実を国民の暮らしに反映させるため、「政・労・使の三者が膝を交えて、虚心坦懐かつ建設的に意見を述べ合い、包括的な課題解決に向けた共通認識を得るための場を設定し、速やかに議論を開始する」と書かれている。この議論の場は「経済の好循環実現に向けた政労使会議」と命名されるが、この場に労働界代表としてぜひ参加していただきたい。

これに対し、連合側は二つの条件を出した。

一つは「労働政策審議会で議論するべき課題は扱わない」ということだった。これには説明がいるだろう。この審議会は労働政策に関する重要事項を審議するための厚生労働相の諮問機関。政府と労働界が様々な問題について意見を交換する場として活用されてきており、連合側もこの審議会を重視していた。

もう一つは、「労使自治・労使交渉に影響を与えない」だった。「好循環は理解するが、そもそも賃金は労使で決めるものだ。そこに政府が介入してくるわけではないという理解でよいか」

連合は政府側にこう確認を求めた。

この年の一〇月に事務局長として連合入りした神津里季生《こうづりきお》はこう受け止めた。

「計画経済のように一律何パーセント上げるなんていうのが、お触れのようにでてくることはないよね、それをやっちゃおしまいだ。民主主義国家ではあくまでも個々の労働条件は労使自治で決める」

政労使会議を経た賃上げ交渉は「官製春闘」などと呼ばれることになったが、古賀の後任として連合会長に就任した神津はこの言葉が人口に膾炙《かいしゃ》したことに不快感を示す。

「官製春闘というと、いかにも裏で政府とわれわれが仕組んでやっているみたいなイメージになってしまう。賃金は労使交渉で決まる。安倍さんが何を言おうが、真剣勝負をしている労使の話し合いがすべてだ。官製春闘という表現はそういう人たちにとっても失礼だ。あえていえば、政労使春闘だろう」

当然事前のやり取りで政府側も組合がこれらの条件を出してくることは分かっていた。連合側は政府がこの二つの条件を認めたとして正式に出席を決めるため、九月九日に常任役員会を開いて、「政労使」への参加を機関決定する。それと同時に「政府や経営側の動向把握」や「会議での発言のバックアップ」などのために、事務局内に「政労使会議対策チーム」が立ち上げられた。

このチームのメンバーたちが、会議での発言内容の調整などを行うというわけだ。

そして、全部で五回とされた政労使会議への出席者割り振りも決めた。古賀会長と二人の副会長は最初と最後の会議にでて、ほかは事務局長が対応するなどと。

この年の初め、エコノミストの山田久らが説いていた「ワッセナー合意」。それを参考にした政労使会議の構想は、春に内容が具体化され、夏に根回しが行われ、そして、秋の入り口にいよいよ本番を迎えた。

財務官僚たちの危機感

二〇一三年の九月に入ると、「二〇二〇年の夏季五輪、東京で開催」というビッグニュースが飛び込んできた。霞が関の経済関係官僚たちの中には「日本もいい方向に向かっているのではないか」と思う者もいたが、当面は自分たちの仕事に集中しなければならなかった。

官僚たちは一〇月一日に向けてそれぞれの担当で準備を急いだ。この日に消費税を予定通り一四年四月に五％から八％に引き上げるという発表を行う方向で調整が進んでいたのだ。

財務官僚たちは安倍や菅に「背を向けられた」感覚をもっていた。真正面から不信感を突きつけられた官僚もいた。

例えば前年度に作成した内閣府の経済見通しを見直す「年央改定」や、財務省が財政再建の道のりを示す「中期財政計画」。経済分析や財政の専門家たちが、様々な要因を織り込みながら作成し公にしていた。

一四年四月に消費税率が五％から八％に引き上げられる。これは法律で決まっていた。確かに、上げられるかどうかは土壇場の政治決断で変わりうる。それは内閣府や財務省もよく分かっていた。

多くの重要な発表案件と同様「年央改定」などは官邸に陣取る政権のトップたちに知らされた。このとき、官邸はなかなか首を縦に振らなかった。年央改定の試算や中期財政計画の数字について、「消費税引上げを前提に試算するのはいかがか」というのだ。

七月下旬、内閣府や財務省の幹部たちは何度も官邸に足を運び、説明と説得を重ねた。法律に書いてあることを前提に計算せざるを得ないのだと。しかし、許されなかった。最終的には、中立的な試算で公表することになったし、中期財政計画決定も後ろ倒しされた。

財務省の幹部は危機感を深めた。

「安倍政権は消費税に対して、相当警戒感をもっている。かなりインパクトのある対策にしないと危ないぞ」と。

八月には多くの学者やエコノミストが参加した「点検会合」が首相官邸で開かれ、七割近くが「消費税は上げるべきだ」と主張していた。しかし、安倍政権には気迷いが感じられた。

内閣官房の幹部たちにもこの話は広がってきた。ちょうどこのころ、復興法人税の廃止前倒しがアイデアとして生まれ、その肉付け作業が始まっていた。消費税引上げの判断に資するため、廃止前倒しのような「大きなタマ」はやはり必要になるというのは、財務官僚たちにとって確信めいたものになっていった。

あり得ない話

消費税引上げは予算編成にも反映されるし、何よりも市井の人々にとっては、商店のレジ改修など、様々な対応が必要になってくる。そのためには、決断のタイムリミットがあった。政権はそれを一〇月一日に設定した。日程の設定自体、消費税を上げると受け取られるので、税率アップに伴う様々な対策を固めてからの正式表明でなければならなかった。

八月にこの日程設定を聞いた財務官僚はこう思った。

「今回は渋々だが引き上げると理解した。だからこそ、この日までに対策をすべてきれいにセットする必要があった」

賃金を引き上げてデフレ脱却に道を付けたいという考えをもつ経産省を中心とする人々や、消費税引上げを確実にしたいという財務省の思惑も乗せながら、事態は一〇月一日に向け加速度的に進んでいった。

それまで水面下で検討されていた復興法人税の廃止前倒しの話が表面化してきた。それはもともと企業の賃上げと絡んでいたのだが、ここにきて二〇一四年四月に予定された消費税率の引上げ問題にも関連付けられ始めた。

最終的に消費税は予定通り引き上げる、景気対策も含めて「政策パッケージ」として様々なものを同時に発表する――。こんな方針が各省庁に降りてきたのは九月一〇日だった。

この日の午後一時前から約一時間、官邸の執務室に、甘利、菅、麻生が入り、内容の詰めとともにスケジュールが確認された。甘利はこの席で復興法人税の廃止前倒しを正式に提案している。夏前からくすぶっていたテーマがテーブルの上に乗せられた格好だ。

いずれにしても一〇月一日までに復興法人税の件も、政労使会議の話も、すべて固めておく必要があった。要するに世間に方向性を示すのだ。担当の官僚たちは作業を急いだ。

関係各省庁にお触れが出たことや政策の中身は、対外的には極秘扱いになった。

そのような中、経団連が政労使会議に難色を示しているという情報がはいってきた。

すでに八月に構想は伝えてある。九月一二日、内閣府の担当者らは大手町の経団連本部まで足を運んだ。

「政労使会議は本当に物事を決める場にならないのか」

「賃上げを要請される恐れがあるのではないか」

「そもそも雇用の話は労政審でやるべきだ」

ある経団連幹部は「一連の議論に違和感がある」とまで言い切った。

この話を聞いた官僚たちの中にはそうだろうと得心する者もいて、こう感想を話した。

「だって日本は自由主義経済でしょ。公権力が賃上げを迫るなんて、本当はあり得ない。ワッセナー合意はインフレ下でどう物価をコントロールするかだった。それはインフレが国民経済にどれほど悲惨な状況をもたらすか明確だったからだ。米国だってニクソン・ショックと呼ばれる一九七一年の新経済政策発表の時に物価凍結を実施している。でも日本はデフレでしょ。確かに賃上げがなければ好循環は生まれないが、それは税制を含めた政策的誘導で行うべき。首相が経済界の幹部に「賃上げしろ」と迫るのがアベノミクスなのか」

しかし、実際に政策を回さねばならない官僚たちにとって「正論」は後回しだった。

第一回の政労使会議は、できれば消費税発表の一〇月一日よりも前に開きたいとして九月二〇日にセットされた。しかし経団連側に不信感は残った。

一三年九月一八日、財務省は消費税対策を五兆円規模とすることを決め、閣内や自民党の主要メンバーに直接出向いて伝えていった。

ただ、儀式は必要だった。この日の午前、事務次官の木下康司らが菅に呼ばれて「復興法人税の廃止前倒し」を改めて言い渡された。

「持ち帰って検討する」と引き取って財務省に戻った木下は、麻生に「最後は大臣にお任せします。主税局が反対していますが、決まればやります」と告げた。

九月一九日には麻生と甘利が電話で会談した。麻生は復興法人税の廃止前倒しには反対を伝えた。もちろんこれは外向きの姿勢。財務省は本音では復興法人税の廃止前倒しで消費税増税ができるなら、安いものだと考えていたし、そのためにも財務省が譲歩したように見せる芝居を続けていた。

「経済の好循環」を強調したい内閣府では「賃金上昇を図る目的のために、復興法人税廃止の前倒しを検討」という文言を一〇月一日に発表するパッケージにいれてはどうかと主張した。

「場内アナウンス」

九月二〇日、首相官邸三階の南側に面した会議室で第一回の政労使会議が開かれた。司会は甘利。

「本会議の目的は、デフレ脱却が安倍政権の最重要課題である中、グローバルな競争環境のもとで、企業が収益の改善を果たし、それが賃金の上昇と雇用の拡大、下請代金の上昇などを通じて消費や投資の拡大を促進し、企業収益の向上と経済の拡大をもたらすとともに、成長分野にスキルアップをした人材を含めた経営資源が速やかに投入される好循環を実現していくためには、どのような課題があり、またその課題を解決するために政労使がそれぞれの立場でどのような対応をすべきか、という点について共通の認識を醸成することです」

そして甘利は言葉をつないだ。

「なお、個別の賃金水準や、制度の個別設計については直接の議論の対象とはしない方針です」

最後まで抵抗した経済界への配慮だった。続いて経団連会長の米倉はこう発言した。

「既に今年の春季労使交渉において、好業績の企業においては昨年の実績を上回る水準のボーナスの支給を決定している。個々の企業が置かれている状況は当然ながら異なるので、一概には申し上げられないが、今後も、経済の回復に伴って業績が本格的に改善した企業から順次、従業員への報酬を改善していくと考える。これが、さらなる消費者マインドの改善と消費の拡大へ波及することを期待している」

経団連の事務方たちとしては「個々の企業が……」という場所に力を込めてほしかった。

「労」を代表して連合会長の古賀は「好循環実現に向けて政労使が課題を共有化し、理解を深めることは極めて重要だ」と切り出し、政策課題についてこう提示した。

「特に二〇〇〇万人を超える非正規労働者や中小企業で働く労働者の格差是正と貧困の解消が重要になる」

「それにしても」と関係者は振り返る。政労使会議の雰囲気は友好的という感じとは程遠かったようだ。

この関係者は、政労使会議の印象について、「労使ともにホスタイル〔敵対的〕だった。「使」の方は「なんだ、この会議は」という感じ。「労」の方も政労使会議で賃上げしろなんて言われるのは、労組が機能していないと言われているに等しいからね」と振り返る。

会議のメンバーの一人に吉川洋がいた。経済学者としてアベノミクスには批判的な一人だった。デフレは貨幣的な現象だから金融緩和せよというリフレ派の主張に対して、金融緩和だけでデフレは解消しない、日本でデフレが続いたのは名目賃金が下がったからだと考えて、二〇一三年一月そういう趣旨の本を上梓した。

そんな吉川が「経済の好循環実現検討専門チーム」の座長に指名された。九月二四日のことだ。吉川を選んだ内閣府の担当者は、この学者がアベノミクスにかなり懐疑的であることを承知していたので、「意には沿わないでしょうが、ぜひ会議の場を通じてご見解を賜ることができれば」と就任を説得、吉川も受諾した。

このチームは「経済社会構造に関する有識者会議」の「日本経済の実態と政策の在り方に関するワーキング・グループ」の下に置かれるという複雑な構造だったが、要するに政労使会議の議論＝賃上げ要請を理論的に補強することが求められた。

事実、チームがコンセプトをまとめ内閣府が執筆した「中間報告」は一一月二二日の政労使会議に報告されている。

「日本では一九九〇年代末ごろから名目賃金は低下傾向にあり、デフレ・ストッパーの役割をもつ名目賃金の「下方硬直性」が失われた」

「日本だけ、物価の下落率以上に賃金が下がっている姿は異常である」

現状をこう分析したあと、「逆所得政策」も活用し、「賃金の上昇」を実現することが重要である――などと結論付けた。

オランダの政労使が結んだ「ワッセナー合意」は「所得政策」と呼ばれた。吉川らは日本にはその逆を適用すればいいということで、自分たちが打ち上げた提言を「逆所得政策」と名付けた。

ただ、この問題は常に「公権力の介入」という批判がつきまとう。

吉川は「政府が賃上げを働きかけるのもありではないか」と思っていた。その喩えとして若いころ留学先の米国で恩師のノーベル賞学者、ジェームズ・トービンから教えてもらった話を披露した。

「アメリカン・フットボールの試合で、プレーに興奮した観客がみんな立ち上がってしまった。自分一人で自発的に座ったらゲームが見えない。場内アナウンスなどでみんな一斉に座ればば大丈夫になる。これと同じだ」

今の日本では「場内アナウンス」が政労使会議の役割になる。座るかどうかは一人一人の判断。その自主的な判断が積み重なってみんなが座れば問題はない。

安倍を取り巻くリフレ派たちは、「デフレは貨幣的現象」として金融政策への傾斜を強めた。しかし、霞が関の官僚は、そのような理論をほとんど相手にせず、「好循環」という表現で賃金の引上げに全力をあげた。

好循環はアベノミクスの「三本の矢」には含まれていない。安倍の掲げた政策だけではデフレ脱却は無理という「反リフレ派」たちも、結果的にと言うべきか、皮肉にもと言うべきか、安倍の経済政策を補強し支えることになった。

インナー会議では

第一回の政労使会議が開かれた日、つまり二〇一三年九月二〇日の朝一番で、首相官邸に財務省と内閣府の幹部が集まった。経済対策のパッケージを最終的に固めるためだ。一〇月一日に翌年四月の消費税増税を発表する。そのことの最終的な打ち合わせだった。

消費税の引上げは事実上決まった。そして、復興法人税の廃止前倒しと賃上げのリンクもここで固められた。廃止に反対していた財務省も渋々矛を納めた、ということになった。

結局、法人税の実効税率には手を付けることなく、事態は収拾された。何とか官僚たちの描いたストーリー通りの展開に着地することができた。

しかし、このころから「復興法人税を廃止したからといって、賃上げする保証がどこにあるのか」という声が大きくなっていた。自民党や公明党など与党の議員たちだ。

これまでなら自民党でも政調会や総務会を通らないと政策は日の目を見なかった。しかし、次第に強まってきた官邸のパワーを前に、党の影は薄くなり始めている。復興法人税廃止前倒しの一件は、党にとって存在を示す好機でもあった。

「復興関連では復興特別所得税もある。こちらは三七年まで続けて、法人税だけ廃止するのは、企業優先ではないのか」「何よりも被災地からは「もう復興はしないということか」という疑問が表明されているぞ」――。

自民党税調も本格的な議論を始めた。

九月二六日には正副顧問幹事会議が党本部の七〇四号室で開かれた。党税調にはいくつかの会議がある。誰でも参加できるオープンな会合だけではなく、このように幹部だけで集まる会合も日常的だ。これは非公開で「インナー」と呼ばれた。

政府側から出席した甘利は、「アベノミクスには好循環が必要だ」「デフレ脱却のためには生半可なことじゃなく、思い切ったことをするべきだ。政府がそこまでやるのかというぐらいのことをやらなきゃならない」

同じく政府側から出席した麻生は「復興法人税の廃止をどうやって賃金上昇につなげていくのか、年末までに検討してほしい」と述べた。

財務省は本音では早くから廃止前倒しに賛成だったが、じっくりと世論の醸成を待った。この構想を推し進めるのは内閣府や経産省だ。麻生の発言は彼らに対して「きちんと被災地や議員たちを説得しろよ」というメッセージでもあった。

一〇月一日を前に調整は続いた。

九月三〇日午前八時半から党本部七〇二号室で再び開かれたインナーの会議には経産省産業

政策局長の菅原の姿もあった。通常、党税調の会合に入れるのは財務省と旧自治省時代から地方税を所管する総務省の二省だけ。経産省の幹部が堂々と意見を述べるというのは異例のことだった。

発言を促された菅原はこう言って企業を批判した。

「これまで給与を上げずに投資を怠ってきたことに対して、胸に手を当てていただいて、彼らの甘えを許さず、日本が前に進むための積極的な取り組みをお願いしている」

確かに世間では「企業が利益を還元せず、いわゆる内部留保としてため込んでいる」との声が強かった。このときすでに内部留保は三〇〇兆円に達している。企業寄りとみられる経産官僚が「胸に手を当てて」などと厳しいトーンで批判したことに驚いたものの、この発言は菅原の本心なのかといぶかる関係者もいた。

質疑で「本当に企業が賃上げすると確約できるのか」と迫られた菅原はこう応じた。

「上げさせましょう」

菅原のあとに発言した財務省の担当課長は、廃止前倒しについてこう話した。

「企業の負担軽減を目的とするものではなく、被災地のために負担してもらっているものを一年前倒しして廃止し、賃上げを通じて被災地を含めて日本経済の再生に積極的な役割を果たしていただくよう求めていきたい」

「賃上げを通じて役割を果たせ」――。

企業批判と被災地の復興という、次元の異なる問題がないまぜになりながら事態は進行していった。

枠がはめられた

一〇月一日。この日は火曜日で、閣議が開かれた。

そこで閣議決定したペーパーのタイトルは「消費税率及び地方消費税率の引上げとそれに伴う対応について」。要するに消費税率の引上げを決めるのと同時に、経済対策のパッケージも決めたわけだ。

この中にはこう明記された。

「足元の経済成長を賃金上昇につなげることを前提に、復興特別法人税の一年前倒しでの廃止について検討する」

一〇月一日、首相官邸で記者会見した安倍はこうテレビカメラに話しかけた。

「本日、私は、消費税率を法律で定められたとおり、現行の五％から八％に三％引き上げる決断をいたしました。社会保障を安定させ、厳しい財政を再建するために、財源の確保は待ったなしです」

一方、復興法人税については記者からの質問に答える形でこう述べた。

「復興特別法人税の一年前倒しでの廃止についての検討についても、足元の経済成長を賃上げにつなげることを前提に行うものであり、働く方々に成長の実感を、成長の果実を実感していただくためのものでありまして、検討に当たっては、復興特別法人税の廃止が賃金上昇につながっていくことを踏まえた上で、一二月中に結論を得ることとしたいと思います」

同じ日、自民党と公明党は「民間投資活性化等のための税制改正大綱」をまとめた。その中にこういう表現が盛り込まれた。

「足元の経済成長を賃金上昇につなげることを前提に、復興特別法人税の一年前倒しでの廃止について検討する」

「その検討にあたっては(中略)復興特別法人税の廃止を確実に賃金上昇につなげられる方策と見通しを確認すること等を踏まえたうえで、一二月中に結論を得る」

要するに、復興法人税を廃止するのは賃金を上げるため、という交換条件のような書き方になっていた。

特に経団連の事務方は、「確実に賃金上昇につなげられる」ということで枠がはめられたと強い懸念を抱いた。

ただ、政権に恥をかかせるわけにはいかない。事前に話を聞かされていた経団連も、安倍の会見を受けて即座に会長の米倉名でコメントを出す。

「法人税実効税率の引下げの第一歩として、復興特別法人税の前倒しでの廃止の方向性が打ち出されたことを大いに歓迎する」

経団連側の意図は、「復興法人税で終わりだと思うなよ。これから法人税本体の税率引下げをしろ」ということで、押し込まれつつも一本返した心境だった。同時にコメントの中で経団連はこう述べた。

「経済界としても、イノベーションを加速させ、投資の拡大、雇用の創造、報酬の引上げなど、経済の好循環の実現に努めていく」

「報酬の引上げ」

経団連側はこういう表現を使った。しかし、このコメントは、賃上げを求める政権と同じ土俵に乗ることを意味した。

民主党代表の海江田万里が一〇月一六日、衆議院本会議でこう質した。

「そもそも、復興特別法人税は、大震災復興を全国民でなし遂げるために、国民の皆さんが納める所得税の増税などとともに導入したものであります。にもかかわらず、黒字法人の税負担だけを軽減することは、きずな、連帯の精神にも反するのではないでしょうか。総理のお考えをお尋ねいたします」

これに対して安倍はこう答えた。

「強い経済を取り戻すことは、被災地にも大きな希望の光をもたらします。日本経済の持続的な成長のため、企業の収益が改善し、それが個人の所得の拡大、そして消費の拡大につながっていく好循環を実現していく必要があります。復興特別法人税の廃止は、こうした考え方に立って、足元の経済成長を賃金上昇につなげることを前提に検討するものです」

自民党内でも一部幹部が強い反対を示し、特に連立を組む公明党はなかなか同意しなかった。

「県民世論はどうか」というので、内閣府は被災地で発行されている地方紙の社説を調べた。

「投書欄をチェックしたのか」

次はこんな指摘が飛んできて、担当者たちは徹夜で資料をまとめた。

「一〇月から一一月の二か月間で、復興法人特別税に関する投書は全部で九件のみで、そのうちの六件は一〇月上旬に集中。それ以降は激減している」

こういう報告に公明党もようやく矛を納め、復興法人税の廃止前倒しは決まった。消費税の引上げや賃上げの材料にされたこの税制には、こういう名前がつけられていた。

「絆《きずな》税制」

大震災から二年が過ぎ、賃上げや消費税率アップを狙う霞が関・永田町の思惑の中で、この税制は早々と使命を終えることが決まった。

アベノミクスのスタートから安倍やその周辺の経産官僚、そして甘利らを中心とする内閣府は経済成長重視を掲げて、消費税引上げを軸とする財務省の緊縮路線に対抗しようとした。

この手のバトルはこれまでに数限りなく繰り広げられてきたが、このとき財務省は「法人税の実効税率引下げ」と「復興法人税の廃止前倒し」というカードを並べ、カブキプレーも交えながら何とか法人税本体の引下げを葬った。

昔からの財務省的政策回しとも言えるが、経産省側は相手方の「防御手段」が尽きたことを見切っていた。

「合意」ではなく

二〇一三年一一月に入った。政労使会議での取りまとめが必要な時期にきている。

経団連は内閣府から連絡を受けた。

「経団連の意思を明確にしたペーパーを提出してほしい」

内閣府は経団連の煮え切らない態度に苛立っていた。

要するに「賃金で意思表示しろ」ということだな――と考えた経団連は一一月二二日の会議にこんな文書を提出した。

「経済の好循環実現のためには、アベノミクスによってもたらされた企業収益の改善を、さらなる成長への投資に振り向け、設備投資や雇用の拡大、賃金の引き上げなどにつなげていくことが重要である」

「加えて、復興特別法人税の前倒し廃止が実現した場合、足下の企業収益が従業員に適切に配分されていくことが必要である。経団連は、賃金の引き上げを通じて一刻も早い経済の好循環が実現するよう貢献していく」

復興法人税廃止について、経団連の中には賃上げとの交換条件的な設定に首をかしげる幹部もいた。

「復興法人税の話がなければ、賃上げに乗らなかっただろうか。官邸との関係修復という命題を考えればそうも思えない。政労使会議にも「出ない」という選択肢はなかったのだから」

年末が近づき、政労使の合意文書をつくることになった。

一堂に会した議論ではなく、内閣府－経団連、内閣府－連合という風に、内閣府を軸にした折衝が続き、何度もペーパーが行きかった。

特に経団連との話し合いは難航した。政府側は簡易版から詳細版までいくつかのパターンを用意していた。霞が関ではよく使われる手法だ。

一二月一〇日には大手町の経団連ビルを訪ねた政府の担当者たちとの折衝が行われた。

経団連側はこう主張した。

「厳しい経営環境の中、企業が別の行動をとっていれば、失業率などはもっとひどいものになっていたかもしれない」

非正規であれ何であれ、雇用の拡大に企業は貢献している——という意味だ。

「政府案を読んだが、現状認識の部分は企業を断罪しているようにも感じられる。これからやっていこうという中で、過去を振り返る必要があるのか」

特に経団連側が異を唱えたのは、「今後の企業収益の見通しを踏まえ」賃金上昇につなげていくという部分だった。

「これは飲めない」

経済界の幹部たちはこう言って拒否した。

将来利益が出ることが予想されるので、その原資を先食いして賃上げしろと言っているに等しいと経団連側は受け取った。

「労使交渉というのは実績をベースに決まるものである」

しかし、時間はなくなってきている。この日の討議をベースに一次案がつくられた。

「経済の好循環実現に向けた取り組み」という見出しだった。「取り組み」ではなく「合意」という案もあったのだが、これには経団連が反対を主張した。

そのうえで経済界の要望でこんな文言が挿入された。

「賃金は個別労使間の交渉を通じて決定するものである」

その後の一二月一八日夕方にはこの問題の責任者だった経団連副会長の宮原耕治・日本郵船会長が内閣府に呼ばれ、西村康稔《やすとし》副大臣と最後の詰めを行い、文書は最終的に「企業収益の拡大を賃金上昇につなげていく」という趣旨の表現に落ち着いた。

経団連の担当者はこう回顧する。

「この文書には賃金は個別の労使交渉で決まるという大原則が盛り込まれた」

当たり前と言えば当たり前だが、このような表現を挿入することが、経団連にとっては「原理原則は曲げなかった」と言える証拠になった。

もう一つ経団連はこう考えていた。

「賃金に対して強制的・命令的なことは書かせない」

「政府の介入だ」という批判に対して、政策を立案する当事者たちは身構えた。賃上げのための政労使会議に関与した政府当局者はこう話す。

「経済政策の手法としてはユニークだった。ただ、市場がうまく機能していない場合には、政府が積極的に介入した方がいい局面もある」

また、官房副長官だった加藤はこう話す。

「安倍さんもわれわれもトリクルダウンという言葉は使わなかった。むしろ政策的に（社会全体を）底上げをせねばならないと思っていた」

「瑞穂の国の資本主義」

二〇一三年一二月二〇日、最終的な文案が固まり公表された。

「経済の好循環実現に向けた政労使の取組について」とタイトルがついたこの文書はこう書かれていた。

景気回復の動きをデフレ脱却と経済再生へ確実につなげるためには、企業収益の拡大が速やかに賃金上昇や雇用拡大につながり、消費の拡大や投資の増加を通じて更なる企業収益の拡大に結び付くという経済の好循環を実現することが必要である。

そして別紙に具体的な政策がいくつか盛り込まれた。

足元の企業収益を確実に賃金上昇につなげるため、(中略)復興特別法人税を一年前倒しで廃止する。

ここで経産省の菅原らが画策してきた復興法人税の廃止前倒しが企業の賃上げと明確に結びついた。

これを財源にして賃上げしろよ――。

政府の要請は経営側に恫喝のようにも映った。

もう一つ、この文書にはこうも記された。

「賃金は個別労使間の交渉を通じて決定するものである」

経団連や連合が懸念した「政府の介入」に歯止めをかけるための一文だった。そして連合が求めた中小企業や非正規労働者への対策なども盛り込まれた。

この文書を承認した政労使会議の場で、経団連会長の米倉はこう発言した。

「経団連としては、アベノミクスによる企業収益の拡大を従業員に適切に配分していくことが必要との認識に基づき、春季労使交渉に向けた経営側の基本指針を示した「経営労働政策委員会報告」の中で、会員企業に十分な理解と協力を求めていきたい」

結局、米倉は「賃上げ」という単語を全く使わなかった。後ろで聞いていたある官僚は「まだ安倍さんに対するわだかまりがあるのかな」と感じたという。

一方の労働者側代表の古賀は「デフレ脱却の鍵は二〇〇〇万人を超える非正規雇用労働者、そして、雇用労働者の七割を占める中小で働く労働者の底上げにかかっている」と切り出した。

「政府の政策運営全般についても、ぜひボトムアップ型の発想も取り入れて進めていただくことを要望したい」

「我が国の経済社会の様々な課題について、政労使の社会的対話というものが非常に重要だと認識している。そのような認識を深める場について改めてご検討いただきたい」

安倍は連合が要求する政労会見を拒み続けている。その判断に対する皮肉のようにも聞こえた。

政労使会議のアイデアを同僚の山田と温めてきた日本総研理事長の高橋進はこの会議のメンバーでもあった。こう発言した。

「会議を通じて共通認識が形成され、本日、これまでの議論の成果として政労使による文書の取りまとめに至ったことは、賃金上昇と雇用拡大を伴う経済の好循環を実現する上で大きな前進である」

そしてこうつないだ。

「今回の取りまとめは経済の好循環の起動に向けた出発点として位置付けられるものであり、これから具体的行動に移していくことが肝要である。今後、この共通認識を踏まえ、実際に政府、経営者、労働者がそれぞれの役割をしっかりと果していくことが、デフレ脱却と日本経済再生の鍵になる。このため、まずは来年の春闘や労使交渉では企業収益の拡大を賃金上昇に確実につなげ、好循環の実現のための第一歩を踏み出していただきたい」

入室を許された報道陣がどっと入ってきた。会議が最後にさしかかったことを意味する。それを見計らい安倍がこう話した。

「今回、政労使会議において、組合側からも、そして経営者側からも大変建設的なご意見をいただき、協力してデフレから脱却をしていこうという気持ちが一つになった。これがうまくいけば、デフレ脱却についての世界的な経済モデルになるのではないかと考えている。政府としても、「慎みを持った関与」をさせていただいたわけだが、これこそ「瑞穂の国の資本主義」ではないかと思う」

復興法人税を廃止し、企業を逃げられないように追い込み、何が「慎みを持った関与」だ——。

この発言を伝え聞いた経団連関係者はそう感じたことを記憶している。

最後に安倍は「好循環実現に向けた確固たる土台を築くことができたことに大きな手応えを感じている」と満足そうに部屋を去っていった。

主語は誰だ?

安倍の追求するアベノミクスは、国家の介入を正当化するロジック、「瑞穂の国の資本主義」が軸になっていることを改めて内外に宣言した。保守的で国家共同体的なにおいを感じさせる言葉だ。

しかし、同時に安倍は潜在成長率を引き上げるため、諸改革の必要性を強調する。二〇一三年一〇月には「岩盤規制を打ち破るドリルの刃になる」などと発言していた。規制緩和を推し進めれば当然その帰結として格差が生じる。「瑞穂の国の資本主義」として格差問題などに対策をうてば、あるいは改革に手を付けなければ生産性は向上しない。つまり高い経済成長は望めない。しかし、安倍は「名目三%、実質二%」という成長率目標達成の旗を降ろしたことはない。

「瑞穂の国もいいが、経済政策がどちらを向いているのかよく分からない」

ある官僚がしみじみと話していた。

アベノミクスについては当初、「新自由主義」的な色彩が強いのではないかと見る向きも少なくなかった。それは安倍のところによく出入りする自民党の議員ですら感じていたことだ。

例えば、自民党参院議員の西田昌司は雑誌のインタビューに答えて、「アベノミクスは、新自由主義に基づくマネタリズム論に依拠するものでした」と話している（『FACTA』二〇一九年七月号）。

マネタリズムとは貨幣の供給を重視する考え方で、最初に打ち出された「第一の矢」である「大胆な金融政策」を主張したリフレ派も、大きく括ればそう分類された。

この考え方は、徹底した規制緩和などと親和性が高いとされたが、政権奪取の理念を示した安倍の著書『新しい国へ』(文春新書、二〇一三年)にはこう書かれている。

自由な競争と開かれた経済を重視しつつ、しかし、ウォール街から世間を席巻した、強欲を原動力とするような資本主義ではなく、道義を重んじ、真の豊かさを知る、瑞穂の国には瑞穂の国にふさわしい市場主義の形があります。

また最近のインタビューに答えてこう述べている。

例えば格差対策、また我々は、幼児教育の無償化や、真に必要な子どもたちの高等教育の無償化も進めていきますが、世界標準でいえば、リベラルな政策になるのだと思います。
しかし日本においては違うと思うんです。日本はみずほの国、つまり毎日額に汗して働き、田を耕す。そしてお互いに水を分かち合い、ともに力を合わせて畑を耕す。収穫期が来れば、皇室を中心に五穀豊穣をみんなで祈る国なのです。誰か体が悪くなった人がいれば、お米を持ちより、助け合ってきた。それが日本人の古代からの国柄なのです。つまり先ほど申し上げたような政策は、社会主義的な政策の延長にあるのではなく、日本の国柄から来る政策だと私は考えています。

（「安倍晋三内閣総理大臣ロングインタビュー」『中央公論』二〇一九年六月号）

経団連は一四年の春闘に備えるため、急ぎ政労使合意を会員企業に周知した。毎年年明けに出される「春季労使交渉・労使協議の手引き」の一四年版に、合意文書のコピーをまるまる掲載したのだ。

経団連の担当者は、出来上がった「手引き」の中に収められた合意文書のうち、具体策が盛り込まれた「別紙・経済の好循環実現に向けた取組」を読んで、主語に丸印をつけていった。改めてよく読んでみると、「政府は」という箇所が目立った。「企業は」もあり「労使は」もある。しかし「組合は」という主語はなく、「労働者は」が一か所あるだけだった。

政府が経済活動の主体になる、そして民主党政権のバックにいた組合は無視する――。

「安倍政権の政策理念を反映しているようだな」

この担当者はこう苦笑いした。

第4章　消費税増税延期へ

財務省の頭越しに消費税率のアップ見送りを決め、「聖域」と言われた自民党税調の会長を更迭するなど、このころ官邸は一強の度合いを強めた。それは日本の議院内閣制の中でどのような意味を持っていたのか。同時に「経済の好循環」は進まず、政権内には「分配か成長か」で気迷いが生じていた。

空前の出来事

二〇一四年が明けると、労働組合も経営側も、前年振り出した「手形」を落とさねばならなくなっていた。賃上げだ。

経営側の春闘方針は経団連がとりまとめ年明けに発表する「経営労働政策委員会」、通称「経労委報告」に示される。

一月一五日に公表された経労委報告はこんな内容になっていた。

「安倍政権の経済政策により、行き過ぎた円高の是正や株価の上昇など、わが国企業を取り巻く経営環境は大幅に改善している」「経済界も、安倍政権の経済政策に呼応し、経済の好循環に取り組む」

そしてこう断じた。

「アベノミクスによってもたらされた企業収益の改善を、設備投資や雇用の拡大、賃金の引き上げにつなげていくことが重要である」

この前年、同じ経労委報告ではこう書かれていた。

「今次労使交渉・協議は、企業の存続と従業員の雇用の維持・安定を最優先する議論が中心となる」「賃金交渉においては、ベースアップを実施する余地はなく、賃金カーブの維持や定期昇給実施の取り扱いが主要な論点になる」

わずか一年で一八〇度の転換だ。

産業界が求めていた「円高解消」は実現されつつある。それと同時に復興法人税も前倒しで廃止される。何で「お上」が介入してくるのかという疑問は消えないが、ここで賃上げをしなければ政府に申し開きができない。特に官邸との関係を修復したいのであれば、なおさらのことだ——。経団連関係者はこう思った。

「官製春闘」という言葉が定着したことに、幹部が「われわれは独自に要求を出しており、政府の指導で春闘をやっているわけではない」と腹を立てていた連合だが、この年の春闘では、相次いで賃上げが報告された。

一四年七月の厚生労働省の発表によれば、資本金一〇億円以上、従業員一〇〇〇人以上で労働組合がある三一四社を対象にした調査で、定期昇給を含めた平均賃上げ率は二・一九%になり、一九九九年以来一五年ぶりの高水準となった（二〇一四年七月二九日時事通信配信）。大企業に「官製春闘」の成果は早々と現れた。

賃金引上げをめぐる労使の攻防が一段落した頃を見計らうように、日銀が動いた。

四月二二日。日銀内で正午からランチの席を囲んだのは日銀と連合の幹部たちだった。労働組合の幹部が日銀を訪問することはあまりない。この日の会合は「労働界の意見を聞きたい」と日銀側がセットした。企画した副総裁の岩田規久男らを前に、連合からは事務局長の神津里季生らが出席した。

岩田は威勢がいいし、興に乗ってくると饒舌になる。

「賃上げの要求がんばってくださいよ」

出席者の一人は、岩田がこう言ったのを覚えている。

日銀は以前から労働界の状況をこう分析していた。

「連合は雇用の安定が大事。賃金が上がらなくなって雇用の安定を打ち出しているので、労働者の可処分所得も上がっていない。やはり賃上げがポイントになる」

政府だけでなく、日銀も賃上げの重要性を認識していた。労働者の財布が膨らまないと、なかなか消費活動は活発化しない。需要が高まっていかない。

これは前年の政労使会議に合わせて連合が主張したことだし、もっと以前からエコノミストの山田久が話し、財務省や内閣府が動き、という話だ。同じ問題意識を抱えていた日銀だが、政労使会議を邪魔しないようにという配慮から、連合との会合は遅くなってしまった。とはいっても、連合にとって岩田との昼食会が日銀との接触として初めてというわけではなかった。例えば白川体制でもその時の副総裁、山口廣秀や理事の雨宮正佳との接触は繰り返されていたという。特に雨宮とは年に数回、情報交換を行っていた。

日銀からみれば連合の賃上げ要求は意味をもっていた。以前のように「雇用確保優先」という路線だとどうしても賃上げは後回しになる。もちろん雇用の確保は重要なことだが、デフレ経済への影響を考えれば賃上げは日銀にとっても切実なテーマだった。

確かに大企業中心に賃金の伸びはそこそこだったが、日本経済全体に賃金の上昇がみられる状況ではなかった。

このため、総裁の黒田は講演のたびに賃金の重要性を強調した。

来年度の賃金改定では前向きな動きがみられましたが、今後、物価上昇を前提とした賃金決定の仕組みがどのように作り上げられていくかに注目しています。

（二〇一四年三月一九日、黒田総裁講演）

経営者側からの賃下げ要請に対し、労働者側は、現在の仕事を失うよりは賃下げを受け入れるという状況が続きました。要すれば、日本では、欧米のように失業率が大きく高まることはありませんでしたが、その分、賃金が大きく低下しました。九〇年代の終わり頃までは、時間当たり給与が消費者物価の伸び率を上回っていましたが、その後は、物価上昇率と同じか、むしろそれを下回って推移しています。マクロ的にみると、わが国の労働分配率は、二〇〇〇年代に低下し、リーマン・ショック前後に上下に変動していますが、平均的にみれば九〇年代の水準を下回っています。（同年八月二三日、黒田総裁講演）

企業人を前にした講演ではこう強調した。

来春にかけての賃金交渉においては、いくつかの労働組合が二％程度のベースアップを要求することを決定しています。中央銀行が設定する物価安定目標が労使間の賃金交渉において意識されているという点で、注目すべき動きと言えます。日本銀行としても、強い関心をもって、今後の交渉の帰趨を見守っていきたいと考えています。（中略）高い収益を挙げている企業が積極的に、「収益を使っていく」ことが求められています。

（同年一二月二五日、黒田総裁講演）

日銀はもう一段、ギアを上げる。

二〇一五年一月六日に開かれた連合の賀詞交歓会に黒田が顔を見せたのだ。さらに翌一六年はあいさつで簡単なスピーチも行った。日銀総裁が労働組合のパーティーに顔を見せることが異例中の異例なのに、ましてやその場であいさつするというのは空前のできごとだった。

一五年秋のことだった。ちょうど連合会長が古賀伸明から神津に交代するというので、二人連れだって退任と就任の挨拶に黒田を訪ねた。

古賀の記憶によると、話が賀詞交歓会の件になり、「今年の正月は来ていただきましてありがとうございます」と礼を言うと、黒田が「今度も行きますよ」と応じた。古賀は隣の神津に「ならばあいさつしてもらったら」と持ち掛けて話がまとまったのだという。

一六年一月五日のあいさつで黒田はこう強調した。

日本経済がデフレという長期の底から抜け出し、持続的に成長し、子どもや孫さらにその先の世代まで生活水準を落とすことなく暮らしていけるためには物価上昇が必要。しかし、私たちは、物価がただ上がればよいと考えているわけではない。そもそも二%の物価上昇は、それに見合った賃金の上昇がなければ、持続的可能ではない。歴史的にみても物価と賃金は、連動しており、賃金の上昇は日本経済の持続的な成長の観点から不可欠だ。

（二〇一六年一月六日付、労働政策研究・研修機構取材記事）

黒田はこうも言った。「労働者側に強い追い風が吹いている」（同日、日本経済新聞配信）

連合で黒田があいさつした一六年一月は、アベノミクス開始から三年が経過していた。しかし、物価は目標の二%には遠く及んでいない。

副総裁が労働界にはっぱをかけ、総裁が連合の新年会であいさつするなど、異例の展開を見た多くの関係者は、なりふり構わぬ中央銀行の姿勢に驚きを禁じ得なかった。

ある財務官僚の奔走

二〇一四年も後半に入ってくると、いよいよ消費税再引上げの決断のタイミングが迫っていた。四月の消費税引上げ後、経済は予想を超えて悪化しているのではないかとの指摘は相次いだが、財務官僚たちは法律に書いてある通り、一五年一〇月に予定通り再引上げを実施するよう主張していた。

このときも各界の有識者から意見を聴く「点検会合」を実施することになった。一四年四月の引上げに向けてその前年に実施したのと同じ発想だ。人選は内閣府が行ったが、担当者はある日、「若田部さんと金丸さんを追加してほしい」との要請を受けた。

「若田部さん」というのは当時早稲田大学の教授で、リフレ派として有名な存在だった若田部昌澄のこと。一方の「金丸さん」というのは、新興ベンチャー企業のフューチャー・グループを率いる金丸恭文《やすふみ》のことだった。

要請してきた上司は「官邸からの指示だ」と繰り返した。

政権の空気は揺れているように見えた。経済や財政の将来試算で官邸に説明を行ったとき、首相を支える有力政治家がこう言った。その場にいた何人かの官僚が鮮明に覚えている。

「お前たち、消費税を上げる前提で書いているだろう。上げないという試算も作るように」

「消費税引上げ延期が視界に入っているのだな」と、その場にいた官僚たちは思った。一四年四月の引上げを決断する前、つまり一三年夏ごろも同じようなことを言われていたが、今回の方がより真剣みが増しているように感じられた。

また、消費税引上げを盛んに主張していた自民党政治家に官邸からストップがかかったという情報も入ってきた。

官邸は延期を考えているのかもしれない――。

このとき、財務省の事務次官だった香川俊介は危機感を抱いて政治家らの説得に歩いた。主税局を中心とする部下たちに「お前らは動くな」と言って。

しかし、消費税を担当する主税官僚の中には、次官の命に背いて必死に自民党幹部を回る者もいた。「自分の担当のことだ。当たり前だろう」と、この官僚は振り返る。

なぜ香川が財務省を総動員して得意の「ご説明」攻勢をかけなかったのか判然としない。官邸を刺激したくなかったのか、一人でできると思ったのか。

主計局の本流を歩き財務省トップになった香川は、政界でも「懐に飛び込む天才」として有名だった。強面の政治家であれ、実力者であれ、議員会館の部屋にふらりと入ってくる。そしてこう一言。「いやあ、近くに寄ったもので」

そんな香川は一四年の秋、官邸の異変を感じて説得に動き回った。再引上げの延期方針が固まり、「消費税の引上げはしない」と伝えられたとき、官房長官の菅に抵抗したのは有名な話だ。通常、官邸の実力者から方針を伝えられれば話はそこで終わる。安倍政権では特にだ。しかし、香川は違った。

「長官、決まったことには必ず従います。これまでもそうしてきました。ですが、決まるまではやらせてください」（菅義偉「ですが、決まるまではやらせてください」、香川俊介さん追悼文集発行委員会編『正義とユーモア』所収）

しかし、香川の前に立ちはだかったのは、実体経済の悪化だった。

日銀は一〇月三一日、追加の金融緩和を決める。市場では「黒田バズーカ第二弾」と囃され、株価は急激に上昇した。

日銀幹部は「決して消費税引上げを安倍さんに促すために仕組んだものではない」と弁明したが、財務次官の香川はその日のうちに担当理事の雨宮に「ありがとう」とメールを送った。

しかし、七―九月期のＧＤＰが、速報ベースではあったが、マイナスになった。特に消費の落ち込みが響いた。最終的にこの数字を確認する形で安倍は一一月一八日に消費税率再引上げの延期を正式に表明した。総選挙実施というおまけつきで。

香川の体はガンに侵されていた。事務次官に就任するころには大腿骨への転移も確認され、杖を利用し始めた。消費税引上げ延期を察知して動き回っていた一〇月三〇日には、医者から余命宣告を受けている。妻のゆみ子によると、「早いと三か月、平均余命は三年」と。命に代えるような形で必死に説得して回った香川は、財政再建に強いこだわりを示していた。余命宣告を受ける前、まだ体が動くときは頼まれれば講演にも出かけた。あるときはロータリークラブの昼の例会に出席。こんな風に聴衆に語り掛け、笑いをとった。

「財政の現状というお話をさせていただきます。話を聞けば聞くほど暗くなることは間違いないわけでして、「一日が暗くなるから朝食会には来るな」と言われるのですが、今日はランチなのでいいか、ということです」

そして香川は日本財政の危機的状況を説明し、「我々は好きで増税を口にしているわけではありません。このままいくと、かなりまずいことになるということを知っていただいて、ご理解いただければと思います」と訴えた(二〇一四年八月五日付、東京北ロータリークラブ週報)。

一一月九日、財務省は官邸から「消費税増税延期・解散総選挙」を通告される。メディアが一斉に報じる二日前のことだ。

体の不調をおして懸命に動いていた香川は、消費税率引上げ延期の安倍の決定に強い不満を抱いた。

その日、ゆみ子にこんなメールを送っている。

「消費税を上げません！って言って解散するんだって。さっさと辞めようかな。抗議して」

しかし、このタイミングで財務次官が辞任したら政権に与える政治的なインパクトは小さくない。仮に病気を理由にしても「財務次官辞任」となれば抗議の意味が込められていると判断されるに決まっている。さらに注意深く進めないと、内閣人事局に人事を握られている現在、次官辞任をきっかけにする省内のほかの異動にも影響を及ぼす可能性がある。今辞めれば残った後輩たちが苦労するだけだ――。

そんな状況を考えれば辞表は出せないというのが現実だった。

香川がどこまで計算したのか、心を許した家人にポロリと本音が出ただけなのかははっきりしない。結局、辞意は固く封印され、公にされることはなかった。

香川のガンはその後も進行し、通常の人事異動で事務次官を辞した直後の一五年八月、不帰の人になった。享年五八。

霞が関で過ごした最後の日々、多くの知り合いから「早く良くなってまた飲みに行こう」と言われた香川は、こう返して相手をドキッとさせていた。

「その時まで生きていたらね」

この人物がガンで苦しんでいることを知る相手は、いたずらっぽい一言に苦笑いせざるを得なかった。

香川は消費税延期を通告された一一月九日にこんなこともゆみ子あてのメールに書いていた。

「一人批判されるよりも皆で滅んだほうがいいという(中略)太平洋戦争と一緒」

長期的な思慮がなく無謀な決断をした軍部とこの政権を重ね合わせたのか、決定にチェック・アンド・バランスが利いていないということを言いたかったのか——。

ただ、以前の香川は官邸主導の政策決定が日本型の議院内閣制では最善だと考えていた。それは、一九九五年から二年間、英国の王立国際問題研究所(チャタムハウス)に派遣され、日英の意思決定過程を比較・吟味することで補強された。

帰国後、香川は知人や友人に「感想を聞かせてよ」と、自分の書いた論文のコピーを配って歩いた。本文だけで一二四ページに上る論文は香川の自筆で埋められているが、その中で彼は当時の日本の政治を鋭く批判していた。

「官僚の天下りは廃止するべきだ」などとする提言も含まれており、友人が「こんなこと書いてOBに叱られないか」と心配したほどだった。

この論文の中で、香川は内閣で決定する前に与党の了解を取り付けねばならない事前調整の慣習を取り上げてこう書いている。

「政策決定における〔内閣と党の〕二重構造は、様々な弊害を生んでいる。（中略）最も大きな弊害は、責任の所在がはっきりしないということである」「このような慣行は廃止するべきであろう」

そして英国の首相官邸の機能を紹介しながら、日本についてこう述べている。

「首相は官僚と会わず、官邸スタッフに情報を集中し、そのサポートを受けながらもっと自分の頭で国の政策を考える時間を十分とるべきである」

それから二〇年弱。内閣法の改正や小選挙区制の導入など様々な変化の結果、首相官邸の機能は強化され政策決定の実質的な権限はじわりじわりと官邸が握るようになった。

それは香川がチャタムハウスで書き記した統治機構に関する主張通りの結果ともいえる。しかし、同時にその結果立ち現れてきた「一強の首相」が財務官僚の声を聴くことなく、重用する「官邸スタッフ」と「自分の頭」で消費税増税延期を決め、香川の悲願をつぶすことになった。

それでも香川はあの論文の主張が正しかったと思っているのか。もうそれを確かめるすべはない。

電話一本で

二〇一四年一二月の解散・総選挙に勝利した安倍は政権基盤をさらに強固にしていた。香川が亡くなって間もなく、安倍が延期を決めた消費税増税に関連した議論が進んでいた。

このとき自民党税制調査会の会長は野田毅だった。旧大蔵省出身で当選回数を重ね閣僚も経験した長老代議士として、〇九年に税調会長に就いた。

昔から自民党税調は、亡くなった香川が廃止を訴えた「二重構造」の代表例のような存在である。特に税調会長をはじめとする中核メンバーの「インナー」という集まりで、その年の税制改正が決まっているというのは、霞が関や永田町の常識になっていた。復興特別法人税の廃止前倒しでは「うるさ方」として大きな力をふるった。

しかし、一五年秋、会長の野田は窮地に立たされていた。

事態が顕在化したのは、一四年の総選挙後に行われた与党税制改革大綱の取りまとめだった。焦点は法人税率の引下げ。甘利や経産省の菅原などが求めていたテーマだ。前年は復興法人税の廃止前倒しという別の議題に置き換えられて、形の上では半分成就した。

しかし、法人税本体の税率引下げを求めていた経団連や経産省の関係者にとって、法人税本体に手を付けていないのは相撲でいう「猫だましのようなもの」と言えた。立ち合いの瞬間、相手の目の前で両手を「パン」とたたく。一瞬何が起こったのか戸惑う相手力士の先手が取れる。

しかし、一四年度は財務省にそういう奇手は残されていない。法人税率そのものを引き下げるかどうかが最大の関心事となった。

もともと野田は「財務省に理解がある」と思われていたし、党税調そのものが「財政規律重視派」とみられていた。野田は長く党税調にかかわってきた身として、自民党が政権に復帰した時も、消費税率の引上げを決めた一二年六月の三党合意を基本にして税制改正を進めるべきだと考えていた。「「三本の矢」に税制は含まれていないが継続しよう」というわけだった。

法人税の引下げについても、「減税だけで投資を増やすのではなく、政策全体で考えるべきだ」とのスタンス。もろ手を挙げて賛成ではなかった。しかも、一四年秋に安倍が消費税の延期を決めたことに違和感が残ったが、それを材料に選挙を行うことにも野田は疑問を呈した。

当然そんな言動は官邸の反感を呼ぶ。「選挙での公認が見送られる」とのうわさまで流された野田に、法人税率引下げに真正面から抵抗できるだけの政治的余力は残されていなかった。

結局、法人税の実効税率（東京都は三五・六四％）を一五年度に二・五一％引き下げることなどが決まった。

記者会見で党税調の威力が失墜したのではないかと問われた野田は「私が非力なせいかもしれませんが」と答え、霞が関や永田町で話題になった。

この発言について野田は、むしろ消費税のことが頭にあったとして、「予定通りやればよかったのに」というニュアンスを出そうとしていたのだと話している。

しかし、消費税にせよ、法人税制にせよ、すでに税制の根幹部分の決定権は党税調にはないことが明らかになりつつあった。「非力発言」は事実上の党税調敗北宣言と受け取られた。

そんな野田が一五年の夏から秋にかけて直面していたのは、消費税の軽減税率導入をめぐる確執だった。

消費税率の一〇%への引上げは一七年四月に延期されたが、それまでに片付けねばならない問題も少なくなかった。所得の少ない層への影響が大きくなってしまうという「逆進性」の解消策もその一つだ。

逆進性とは消費税の増税の影響が低所得階層に強く出るという特性で、一四年に五%から八%に引き上げた際にも、弱者対策としていくつかの手が打たれていた。

食料品などの税率を軽くし、低所得者の負担を軽くしようという軽減税率のアイデアもその一つ。欧州などでも採用されており、自民党と公明党は一五年一〇月の導入を模索することで一致、一三年一月の与党税制改正大綱に「一〇％引き上げ時に導入をめざす」と書き込んだ。

しかし、何が食料品であるのかなど線引きは難しい。「生活必需品というくくりにしてはどうか」とか「コメだけを対象にするべきではないか」など、様々な意見が出され、議論は停滞していた。

そこに割って入ってきたのが財務省案だった。マイナンバーカードを使い、買い物時にこれを店の端末にかざせば、飲食料品について税率の二％分をあとで各個人に給付する——というのがアイデアの中身だった。

これらを踏まえて税調会長として判断を下さねばならないのだが、野田は軽減税率の採用に消極的だった。

「軽減税率をめぐっては、ヨーロッパ型のような制度は難しく、減収幅も大きい。何を軽減税率の対象にするかも、コメだけだという意見から生活必需品というくくりで行こうという意見まで多岐にわたった。そんな中で財務省はマイナンバーカードの活用を言ってきた」

これに対して野田は「マイナンバーを取得していないとか、持ち歩いていて落としたりしたら大変」というので、より簡便な「クオカードのようなもの」を国民に配るという構想を披露した。

「一人六〇〇〇円分で、これで買い物をしたら年収三〇〇〇万円の標準的な家庭が消費税率アップにより受ける負担の食料品分がカバーできる」というわけだ。

ただ軽減税率の導入には政局の要素も絡んでいた。

それは背景に公明党がいたためだ。この党は自民党政権と連立を組むが選挙公約で軽減税率導入をうたっていた。自民党税調でも公明党の強い要請を受けて議論を続けてきたという経緯がある。

もう一つ、このときの政権にとって重要だったのは安保法制の扱いだった。集団的自衛権を認めるという戦後安全保障の大転換となるこの法律が成立するかは公明党にかかっていた。

少しでもこの党への配慮を欠けば、安保法制が吹き飛ぶ――。軽減税率をのんで公明党を満足させることができるなら、政治的には安いものだった。

議論の最初のころ、野田試案に乗りかけた首相官邸が手のひらを返したように冷たくなり始めた。九月一九日にこの法律が成立したころ、野田も事情を理解する。

結局、軽減税率の導入が決定した。

一五年九月、自民党の総裁選があり、安倍が無投票で再選されていた。首相は一〇月にも党役員を含めた人事を行う考えを示しており、野田のところにも電話があった。野田の記憶によると、総裁選の直後のことだったという。

彼は何度か節目、節目で安倍からの電話を受けている。

一二年一二月、自民党が政権奪還に成功したときは、投票日の直前「選挙の翌日にはすぐに東京に戻り、税調会長として党税調を立ち上げてほしい」と要請された。

一四年一二月の消費税増税先送りを口実にした総選挙の際は、投開票当日の朝、電話がかかってきた。「引き続きやってほしい」と。

しかし、今回の電話は違った。野田によると、安倍は「本意ではないが」と釈明しつつ、税調会長交代を告げた。

かつて、首相でも手が付けられないとされた自民党税調。その会長が電話一本で交代させられた――。

周囲はその意味を即座に理解した。

「安倍さんに歯向かうのは難しい」

党税調と一心同体で税制を司ってきた財務省にこの情報が入ったとき、ある幹部はこうつぶやいた。

「激震だな」

ここでも首相は軽減税率導入に反対した自民党税調会長の更迭を、亡くなった香川の言う「自分の頭」と「官邸スタッフ」で決めた。「一強体制」と言われる政治システムが出来上がりつつあった。

「循環がうまくいっていない」

党の人事をいじった安倍は、二〇一五年一〇月に内閣改造を行った。

そしてその直後の一一月、「一億総活躍社会の実現に向けて緊急に実施すべき対策――成長と分配の好循環の形成に向けて」を決める。

この中で企業収益や雇用面でアベノミクスの成果が強調される一方、「しかしながら、個人消費の改善テンポは遅れ」ているため、「賃上げを通じた消費の拡大、生産性革命による民間投資の拡大等に取り組む必要がある」と述べた。

内閣改造で安倍は官房副長官の加藤勝信を一億総活躍社会の担当閣僚に指名した。そしてその加藤の補佐役として起用されたのが新原浩朗《ひろあき》だった。

内閣府の官房審議官という肩書ではあったが、経産省出身の役人らしく、自らのポジションに関係なく、実力者の懐に飛び込み、信頼を得て、献策し、実現のために障害を突破していく能力には定評があった。

一億総活躍の担当となった加藤もそんな新原を信頼していた。新原と二人で安倍の執務室に入り、様々な経済課題を議論するようになったことを周囲は知っていた。

一度こんなことがあった。加藤と新原が安倍に一枚の図を見せた。左右に□を書き、右側の□の内側に「分配」、左側に「成長戦略」と記した。そして右から左に延びる矢印に「消費・投資」と書き、左から右に延びる矢に「雇用政策・労働政策」と書いた。

要するに好循環をどう確保していくかを説明した絵だった。

新原は「全体的にトリクルダウンがうまくいっていない」という印象を正直に周辺に話した。法人税を引き下げたが、結局内部留保がたまっているだけではないか。賃上げも大企業だけで中小企業にまで届いていない――。

一二年暮れ、安倍復権となった総選挙のときに掲げられた自民党の公約にはこう書かれていた。

「縮小均衡の分配政策」から「成長による富の創出」への転換を図ります――。

しかし、富が生まれてもそれが日本全体にいきわたっていない。これでは政治的にもたない。二人は安倍が周辺に「循環がうまくいっていない」と漏らしていることも知っていた。加藤と新原で説明したこの一枚の紙は、もう一度原点に戻って考えようという誘いでもあった。

あるとき、安倍がこう言った。

「下村・都留論争って知ってる?」

下村治と都留重人という、戦後を代表する二人の日本経済研究者による論争はアカデミズムの世界では有名だ。経済学部を卒業してこの論争のことを知っていた新原は「だいたい分かっています」と答えた。すると安倍はさらにこう言葉を継いだ。

「下村は成長論、都留は分配論。でも、どっちが先かというと、どっちじゃなくて相互にいくものでしょう?」

新原や加藤はこういう疑問だと受け止めた。

「成長と分配のどちらが先なら経済は好循環を始めるのか」

新原が「成長なくして分配なしだし、分配なくして成長なしですよ」と返すと、安倍は「その辺がキーポイントだね」と応じた。以前ならためらいなく成長を前面に押し出していたのは安倍本人だ。「揺れているのかな」とこの話を聞かされた関係者は思った。

その場にいた加藤はこう回顧する。

「安倍さんは「下村・都留論争」のことを話していた。何で突然言い始めるのかなと不思議に思った」

ちなみに、安倍はこの論争について、「成長か国民福祉か」と言えば、成長を重視した下村が正しいと思っているという趣旨のことを一七年に行われた他派閥のパーティーで話している（鯨岡仁『安倍晋三と社会主義』（朝日新書、二〇二〇年）によれば、安倍に「下村・都留論争」を教えたのは成長重視の「上げ潮路線」で有名な先輩議員の中川秀直だったという）。

最低賃金再び

新原が目を付けたもう一つのアイテムは最賃、つまり最低賃金だった。

最低賃金は毎年夏、厚労省の審議会で上げ幅の目安を決定。各都道府県がそれに準じて決めていくという仕組みになっている。

労使交渉を経て決まる賃上げに対して政府の力は直接及ばない。政労使会議を使って無理やりやろうとしていたので、経営側や労働側の反発は小さくなかった。

しかし、唯一、賃金を政府が決めることのできる対象がある。それは最低賃金だった。

企業が従業員に対して、「最低でもこれだけ支払わねばならない」という水準が最低賃金だ。多くの関係者はこれを縮めて「最賃」と呼ぶ。

実は安倍政権が最賃に目をつけたのはこれが初めてではなかった。

二〇一五年の夏、つまり新原が加藤の補佐的な役割を果たすようになる少し前のことだ。

毎年七月末ごろ中央最低賃金審議会は翌年の最賃について「どれくらいの上げ幅が適当か」の目安を示すことになっている。霞が関のやり方として、当然その後ろには厚労官僚たちが控え、綿密な計算と理論構築を行っていた。

以前から「最賃の水準が低すぎる」という声があり、このころは確実に毎年二%程度、十数円の引上げを行っていた。

関係者によると、当初一七円アップで官邸や党に説明を行っていた厚労官僚たちは、官房副長官で「私は最低賃金の引上げを主張していた」と隠さない加藤からこう言われた。

「何とか二〇円にならないだろうか」

もともと安倍政権が賃金に強い関心を抱いていることをよく知っていた官僚たちは、「がんばって考えてみます」と引き取った。

賃金が上がることは労働者にとってはハッピーな話だが、中小零細の企業経営者には死活問題となる。当然大幅な引上げには猛反発が起こる。したがっていきなり二〇円というのは難しい。

厚労省内で検討の結果、「一円積み増して一八円なら」ということで官邸も首を縦に振った。「あんまり上げると使用者側の抵抗が強い。しかし官邸の関心事項だった。政治家の方々は一六円とか一七円とかではなく、大台に乗せたい。それで「二〇円にならないか」ということだった。こちらでも、いきなり二〇円は無理だが、プラス一円くらいなら何とか使用者側も説得できるということで一八円になった」

関係者はこう回顧する。

もし、最賃のレベルをもっともっと上げることができれば、加藤や新原らが作図して説明し安倍が乗ってきた経済の好循環に資するかもしれない。

早速、新原は厚労省を回った。戦略は明確だった。それは経済財政諮問会議の活用だ。厚労省の結論を待つのではスピーディーさに欠ける。チビチビと引き上げていくというこれまでのようなやり方を一気に打破するためにも、厚労省から官邸主導型にもっていった方がベターだ。

厚労省としても、経営側との折衝は非常に骨の折れるもので簡単ではない、官邸が花火を打ちあげてくれるなら、その後の折衝も楽になる──などと考え、諮問会議での議論に賛成した。

さらにこれまで厚労省として温めていた案を新原らに伝えた。それは上げ幅を三％にするべきではないか、ということだ。最賃で暮らしている人も少なくない。「格差問題を考えれば底上げが必要」という観点から考えれば、社会保障政策上も認められる。ただ、「三」という数字に理論的な根拠はなかった。「二から上げるなら三という程度。三なら一〇〇〇円が見えてくるので「三％で一〇〇〇円」となった」と関係者は話す。

ただ、これが実現すると、伸びの絶対額は一七円、一八円というレベルから一挙に二十数円にまで跳ね上がる。これは使用者側が簡単には飲まない。

「諮問会議で中小企業支援とセットにするなどの対策をとればと考えた。厚労省だけだとギアチェンジができない。三％にするには別の力が加わらないとだめだと思っていた」

この問題に関与した厚労省官僚はこう話す。

ブレークスルーのチャンスを模索していた厚労省と、好循環のきっかけが欲しい新原らの思惑が合致して、最低賃金の問題が大きく展開した。

一五年一一月二四日には経済財政諮問委員会で安倍が「最低賃金一〇〇〇円を目指す」「年率三％程度を目途に、GDPの成長率にも配慮しつつ引き上げていくことが重要だ」などと強調した。

厚労省の審議会も、官邸の決定には従わざるを得なかった。これ以降、最賃は「一〇〇〇円を目指して三％」というのが相場になっていく。

このころになると、経済財政諮問会議の変質は誰の目にも明らかになっていた。

この会議は経済政策の司令塔構築を目指して〇一年にスタートした。内閣府のホームページには「経済財政政策に関する重要事項について、有識者等の優れた識見や知識を活用しつつ、内閣総理大臣のリーダーシップを十全に発揮することを目的として、内閣府に設置された合議制機関」と説明されている。

制度のデザイン段階では米国の国家経済会議（NEC）のように、国の指導者のすぐ近くで、経済全体の動向をにらみつつ、各省庁の情報を統合的にすくい上げる形で政策を立案することが期待されていた。

しかし、できた当初から経団連会長や著名な学者らはパートタイム的に出席して意見を述べるだけで、実質的には役所の「各省合議」を経た政策アピールの場になっていた。

発足から二〇年近くの間、政権ごとに会議の重要度は変わり、民主党時代は一切この会議を開かなかった。

安倍が政権奪取した一二年一二月以降、再び復活した経済財政諮問会議は「官邸一強」のための舞台装置の一つになっていた。

この会議には安倍が出席する。ここでの首相の発言は「官邸の意向」となって各省庁に伝わっていく。当時の官邸幹部はこう話していた。

「諮問会議は便利。ちょっとした政策をもっていくとすぐにやってくれる。総理もいるし、あそこで取り上げられればその後のプロセスが楽だった」

そんな諮問会議を使い、最低賃金に焦点を当てる一方で、一三年に在野のエコノミストや官僚たちが中心になって仕組んだ「賃上げ」への仕組みである「政労使会議」は、すでに見向きもされなくなっていた。

一三年に続き一四年も行われたが、一五年以降は途絶えたままだ。

「大手は賃金が上がり始めたので、政権もそれでよしとしたという側面があるのと、やはり何か新しいビークル（乗り物）がないとマンネリ化する」

政府高官がこう説明するように、政権維持を図るため、安倍も常に新しいテーマを追求し世間の耳目を集める必要があったようだ。

この姿勢に対して、連合の神津はのちに自身のブログでこう批判している。

二〇一三年と二〇一四年の秋に総理官邸で行われた「政労使会議」がその後途絶えたままとなっていることは非常に残念です。日本社会が必要としている格差是正や底支えを進めるためには、政労使の共同発信の場は極めて重要であり、何度も何度も三者が同じ認識を言い続けていくべきなのです。　（二〇一九年一〇月二九日）

最賃についても、「最低賃金レベルの労働者数が増えている」と指摘する専門家は数多い。つまり、当初の狙いのように最賃を起点として全体が押し上げられるのではなく、最低賃金が引き上げられても全体が呼応しないため、低い賃金水準の割合が増えているわけだ。

また賃金でも重要な指標となる実質賃金はほとんど上がっていない。さらに一九年年明けの国会では、統計の偽装が大きな問題になった。これは実質賃金の数値に直接的に絡み、官邸の関与までささやかれてくすぶり続けている。

突然の「新三本の矢」

「名目GDP六〇〇兆円」「出生率一・八」「介護離職率ゼロ」――。

経済財政諮問委員会で安倍が「最賃一〇〇〇円」を打ち上げる二か月ほど前のことだ。二〇一五年九月二四日、安倍は記者会見を開いて「新三本の矢」を披露した。

「六〇〇兆円」と聞いたとき、経済官僚を中心に「何の意味があるのか」という感覚が広がっていた。内閣府のエコノミストにとって、成長率の目標ならわかるが、名目の額が出てきたとはという驚きだった。

それよりも内閣府の幹部たちにとってショックだったのは、六〇〇兆という数字を聞いたのが安倍の発言のあとだったということだ。

「内閣府は全く聞かされていなかった。景気判断から外され、目標値まで決まっているという疎外感はあった」

当時の幹部の発言だ。

マクロ経済政策に責任をもつはずの内閣府が何も知らされず、各省合議もなく、突然現れた「新三本の矢」。やはりここでも、少数の「官邸スタッフ」と「首相の頭」が政策を決めていた。

実は「新三本の矢」が決まる前、経産省の菅原郁郎はメモをつくり、それをもとに安倍に話をしていた。

その内容について菅原は周囲に「次は社会保障だ、国民みんなが活躍する社会だ、みたいなことが書いてあるよ」と説明した。菅原の狙いは社会保障制度改革にあった。しかし、一六年には参議院選挙がある。安倍らはこの影響を嫌い、先延ばしすることにしたが、菅原は「責務ですよ」と言ってはばからなかった。

このとき、選挙で大敗するなど予想外のハプニングがなければ、安倍の任期は一八年までのはずだった。二期六年の自民党総裁任期が切れる前、つまり後半三年間は、政策的にこれで勝負というわけだ。

のちにそのことを聞かされた関係者は、それは「新三本の矢」というよりも、一億総活躍の発想に近いものだと思った。安倍の発想の源流に菅原のメモが寄与したことは間違いなさそうだとこの関係者は考えた。

地方創生。一億総活躍。政権が次々と新しい看板をかけるのは、動いている自転車をこぎ続けることに似ている。止めたら倒れてしまう。

しかし、この看板の掛け替え、いや看板の追加は、アベノミクスを一層分かりにくいものにした。米国の経済学の影響もあり、金融緩和を重視する姿勢は規制緩和と親和性が高いとされた。小泉純一郎政権で打ち出した「新自由主義」的な発想だ。

同時に安倍は「瑞穂の国の資本主義」を説き、国家の介入を正当化する。これは規制緩和の哲学と真逆だ。

最初の「三本の矢」の結果生じたのは、円安と株高。そしてそれらに助けられて生じた現象を、安倍は「雇用状況の改善」という形でアピールした。ただ、肝心の物価は目標の二％にはるか遠く、賃金も大企業は別としても上昇しているとは言えなかった。

そして「新三本の矢」は明らかに再分配に軸足をおいた政策となる。最初の「三本の矢」とは明らかに異なる。献策者である菅原は周囲に「リベラル度は高い。明らかに方向転換だ」と告げた。

アベノミクスが様々な要素のごった煮で特定の主義主張のないことが、安倍政権にとって幸いした。再分配重視政策への転換はあっさりとなされつつあった。

一億総活躍を打ち出しとき、周辺は安倍の経済政策の変質を感じとった。全世代型社会保障などの言葉を借りながらではあるが、自民党のリベラルな経済政策への回帰と言えなくもない。

官邸周辺にいる官僚たちはそう考えたし、安倍から直接こう言われた者もいた。

「今回は分配の方までいきたい」

ある政府関係者はこう話していた。

「この政権の経済政策は哲学とか社会構造の分析に基づくものなんかじゃない。いろいろ看板を付け替えるのは、政策が選挙戦略として使われているからなんだ。そう考えれば分かりやすい」

揺らぐ「官庁の中の官庁」

二〇一六年が明けてすぐ、一月四日には通常国会が招集された。異例の早期開始だったが、その効果なのか予算審議はすんなりと進み、三月中の成立にめどが立っていた。予算の成立は霞が関や永田町がホッとする瞬間だ。

しかし、三月一八日、財務省二階の事務次官室は険悪な雰囲気だった。

吉野良彦、斎藤次郎、武藤敏郎ら実力派と呼ばれた官僚が、その役所人生の仕上げとしてこの部屋に陣取り、ある時は政権との間合いを計りながら力をため、ある時は辞表を懐に首相官邸に物申していた。つい最近は杖を片手にした香川が、命を削りながら仕事をしていた。

この時の部屋の主は田中一穂。一九七九年の入省で、第一次政権で首相秘書官として安倍に仕えたことがある。霞が関風に言えば、この期は昭和の年号を利用して通称「五四年組」と呼ばれ、逸材ぞろいの期とされた。実際、田中の前任次官である香川、さらにその前の木下康司らは皆五四年組だった。

事務次官になるのは簡単ではない。二十数人入省した中で出世競争を勝ち抜き、最終的には同期で一人がこのポストにたどり着けるとされている。三人が次官に就任した期は他にない。「田中が三人目の次官になったのは安倍の後押しがあったからだ」などという、やっかみのようなうわさも絶えなかった。

三月一八日に田中を囲んだのは、主計局長の福田淳一、主税局長の佐藤慎一、総括審議官の太田充ら。テーマは消費税引上げをどうやったら確実にできるか――。難問だった。

すでに財務省は二〇一四年一一月に一度敗戦の憂き目にあっている。

一四年四月に消費税率が五%から八%に引き上げられた。このとき財務省は安倍官邸にこう説明していた。

「経済への影響は一時的なものにとどまる」

しかし、結局景気は悪化した。

この年、つまり一六年は参議院選挙も予定されている。一七年四月に延期された消費税引上げを確実にするにはどうしたらいいのか。一六年末には答えを出さねばならない。財務省の幹部たちが次官室に顔をそろえたが、空気は重いものだった。

財務省に不信感を抱く安倍が一四年四月の五%から八%への引上げを容認したのは復興特別法人税の廃止前倒しという思い切った施策を打ち出したからだ。結果的にこれだけでは景気対策としては不十分だったのだが、財務省としての「心意気」を示すことはできた。

一方で、一四年一一月は事務次官の香川が様々な働きかけをしたものの、安倍は一〇%への引上げを断念した。このときのことを知る政府高官は「あの時、彼は徒手空拳だった。政治家を動かそうとするときは、何かを持っていかなきゃだめだ。なぜ彼は何も持たずに一人で動いたんだろう」といぶかしがる。

では、今度は何が可能なのか。

そこで激論になったのは、所得税の減税だった。安倍政権では法人税の減税が議論されてきたが、所得税の減税はあまりテーマになっていない。所得税減税に賛成したのはこの時総括審議官だった太田だった。消費税引上げを確実にするためには所得税減税くらいの思い切った措置が必要だ、と。法人税だけでなく、所得税減税は過去にも行われてきたことがある。ただ、それは一九九〇年代のこと。

しかし、所得税減税案は主税局長だった佐藤の強い反対にあった。

「一度減税すれば、それをもとに戻すのは非常に難しい」

税制を預かる主税局長の立場からすれば、消費税引上げを確実にするために、所得税減税を実施するのはナンセンスに感じられた。

確かに復興法人税の廃止を一年前倒しすることにより、五％から八％への引上げは首尾よく実施された。しかし、今度は分からない。所得税減税だけ「食い逃げ」される恐れは大きい。

主計局長の福田も所得税減税の議論を「まじめなもの」とはとらえていなかった。それよりも主計局としては、安倍に一つ献策することを検討していた。それは「使途変更」だった。のちに二〇一九年の消費税引上げに際して、安倍が解散総選挙の材料にまで使った「使途変更」。その原型は財務省による、一六年の献策だったようだ。

一九年の使途変更の中身も財務省からのアイデアで、「そこまでする必要があるのか」とOBたちが怒る原因になったのだが、このとき福田局長率いる主計局が考えていたのは、ずっと小ぶりの使途変更だった。

一二年六月の三党合意は、消費税を五%→八%→一〇%と引き上げることを財源に大半を「財政赤字の削減」に使い、残りを「社会保障の充実」に回すことになっていたが、それを一部変更し幼児教育の給付金などを少し膨らませるという内容だった。関係者は額にして二〇〇〇億円程度だったという。

福田らはこの案を持って官邸に説明に行った。安倍は身を乗り出して聞いていた。少なくともこのときその場にいた官僚はそう感じた。ちょうど「保育園落ちた日本死ね」のブログが話題となり、政権批判が盛り上がっていた頃だ。

しかし、この小粒の使途変更も最終的には功を奏しなかった。

一六年五月二六日、伊勢志摩サミットの場で安倍は突然「世界経済にはリーマン・ショック級のリスクが存在している」などと言い出した。

財務省が異変を察知したのはその日の朝だったと多くの関係者は証言する。時すでに遅し。安倍官邸は消費税引上げ再延期を決め、六月一日に発表した。

その翌日の六月二日、財務省の田中次官や福田主計局長らは官邸を訪ねて引上げに伴い予定されていた「社会保障の充実」などを断念せざるを得ないことを安倍に告げた。消費税を凍結されたのに社会保障予算も拡充されたのでは赤字が拡大するだけだ。

財務省の後輩たちは「安倍さんにギルティー・コンシャス(罪の意識)があるうちに、支出はできないということをはっきり言ってください」と幹部たちを送り出した。

関係者によると、そのとき安倍は財務省の話をじっと聞いていたという。

ガンに侵された香川のときも、官邸に献策をしながらなんとか引上げを図ろうとした今回も、消費税増税をめぐり財務省は完敗した。

財政や税制であっても、重要な意思決定が官邸単独でなされて、財務省が外されるという事態が日常化してきたことは明らかだった。ひと昔、ふた昔前、事務次官だった吉野が官邸に乗り込んで中曽根首相にダメ出しをするなどというシーンはすでに想像の外だ。旧大蔵省時代から続いてきた「官庁の中の官庁」である地位にも揺らぎが見える。

財務省の官僚として、議院内閣制の理想を説いていた香川の論文。その趣旨に賛同する識者は当時少なくなかった。しかし、それから二〇年近く経ち、現実に官邸集約型の統治体制が出来上がったことに拍手を送る声はあまり聞こえてこない。

それは、日本型の「首相一強」という実態が、民主主義に重要な「チェック・アンド・バランス」とか「相互監視」と呼ばれる機能の低下と表裏の関係にあることに気づいたためなのか。それとも一強体制の中でできてくる政策に問題があるからなのか。あるいは権力闘争の中で一人に権限が集中する現実への不満なのか。あるいはその複合なのか。

第5章　「一強」政権下の日銀

アベノミクスは中央銀行の在り方にも大きな影響をもたらした。政権発足時にいきなり体制をひっくり返された日銀は、組織維持のために懸命の努力を続け、「異次元緩和」のツケを払う「出口」と呼ばれる準備作業にも着手した。時間を二〇一四年に戻して何が起こっていたのかを振り返ってみる。

ざわつく行内

日銀の支店は全国に三二ある。二〇一四年の年明けから、これらの支店を「絨毯爆撃的」に回る日銀本店幹部らの姿があった。

間もなく正式決定される「中期経営計画」と「行動原則」に関しての説明会のためだ。このような説明会に本店中枢部局の幹部がわざわざ出張してくるのは異例のことだった。

そして、その背景には戦後の日本銀行が初めて体験する「レジームチェンジ」があることは説明会を聞いていた多くの職員に理解された。

「中期経営計画」といえば日本の民間企業などには、多かれ少なかれ、似たようなものが存在する。経営者が売り上げの目標を決めたり、次世代の方向性を示したりするケースがほとんどだろう。中にはお題目的に数字が並び、社員の「既読率」が低いものもあるが。

日銀は日本の中央銀行であると同時に、収益を基本とする株式会社でもあった。中期経営計画は福井俊彦総裁の時代に初めて導入され、その後も作られていたが、多くの行員はその存在に特段の配慮をしていたわけではなかった。

白川体制が終わり、黒田が総裁として日銀に乗り込んできたときの中期経営計画は白川時代のもの。ちょうど、一四年には改定が予定されていた。

この中期経営計画に目をつけたのは、理事から副総裁になった中曽宏だった。白川体制から黒田体制に時代が変わった。これまでの日銀では絶対に考えられなかった「二年で二％達成」という目標が掲げられた。まるで営業現場に墨書されるノルマのように。

しかも、政権では「インフレ目標は当然」という人物が宰相の椅子に座っていた。黒田を送り込んできた張本人でもある。白川総裁時代のような価値観では全く通用しないし、実際、黒田や副総裁で入ってきた岩田規久男は、就任後初めてのあいさつで「これまでの日銀は何もしていない」と居並ぶ職員を叱責した。

逆に安倍の経済政策を批判する側からは「日銀の独立性はどこへ行った」などの批判も生まれ、新聞は社説で「日銀が政府に従属していると見られるほど、日本そのものへの信用が失墜する」（二〇一三年一月二三日付、『朝日新聞』社説）などと書いた。日銀ＯＢたちからも、黒田らのやり方に非難の声が上がった。

これに対し現役幹部の多くは「日銀の独立性というのは、職員の独立性のことをいうのではない」とか、「政策決定会合で決められたことを実行するのがスタッフとしての役割」と感じていた。同時に様々な会合で顔を合わせるOBたちからの、「黒田体制に追従する現役」への批判に閉口していた。

そんな状況について、中曽は「行内にざわつく感じがある」と思っていた。そして周囲にこんな問題意識を伝えた。

「総裁の交代があっても揺るがない日銀にするにはどうしたらいいか」

ちょうど中期経営計画の策定作業が進んでいる。中曽は部下たちにこう指示した。

「誰がトップになるかにかかわらず、変わらないものをしっかりと明確にするべきではないか」「中央銀行の基本的な業務は総裁が交代しても同じなので、トランジション(政権移行)もスムーズにできるはず」

中曽のこの問題意識を部下の一人は「リフレ派という進駐軍が来ても右往左往しないように軸を定める」と解釈した。そしてその「軸」として中期経営計画を活用しようというアイデアが浮上してくる。

担当者たちは、黒田や中曽をはじめとする幹部や審議委員たちに折々に進捗状況を説明。一三年夏ごろから秋にかけて作業を本格化させた。

五つの行動原則

二〇一三年から一四年にかけて固まってきた中期経営計画の文書は、白川から黒田へと体制が移行したことを思い知らされる内容になってきた。

一つは日銀の経営指針に「対外コミュニケーションの充実およびネットワーク構築の強化」が加えられた。

「日本銀行が信認を確保する上では、自らの政策や業務運営について、グローバルな観点も意識しつつ、対外的に分かり易く説明するとともに、外部の意見にもしっかりと耳を傾けることが重要である。こうした多角的・重層的なコミュニケーションを適切に行うことが、日本銀行の使命達成を通じて、国民全体の利益に繋がっていく」

この文書を深読みすればこういう意味にとれた。

「白川時代は外部の声を無視。日銀の言っていることを理解していない人とは話さないという姿勢で、「聞く耳もたず」の考え方のみで突っ走った。そして失敗したのだ」

別の日銀マンはこう解釈した。

「俺たちの考えは正しいというだけで、政治とうまくコミュニケーションをとらなかったからこうなったんだろうという前体制批判ではないか」

また「日銀の使命」をめぐってはこんな表現も加えられた。「日本銀行の使命は、「物価の安定」と「金融システムの安定」である。物価の安定に向けては、消費者物価の前年比上昇率二％の「物価安定の目標」を掲げている」

一三年一月の政府と日銀の共同声明でも同様のことが書かれていたが、中期経営計画にわざわざインフレ目標を明記したのは黒田体制への移行を印象付けた。

ただ、これらは言ってみれば新体制へのご祝儀のような項目。中曽が目指した「誰が日銀総裁に来ても変わらないもの」とは異なる。

中曽たちは、先進国の中央銀行が「行動原則」を定めていることに着目した。例えば、米連邦準備制度理事会（FRB）は守るべき「バリュー（価値）」として、品位、独立などの五つを掲げていたし、欧州中央銀行（ECB）も似たような標語を九つ挙げていた。副総裁の中曽は英語に堪能で、国際決済銀行（BIS）の市場委員会で議長も務めるなど、日銀の中では国際派で通っていた。

その中曽が周辺によく言っていたフレーズが「中央銀行の魂」。「クールな国際派」という評判のある副総裁にはあまり似合わない「魂」という表現は、誰がトップに来ても揺るがない中央銀行としての矜持を示すことを目指した「日銀の行動原則」という形で決着した。

①公益の実現　②透明性の確保　③業務の質の向上　④公正な職務の遂行　⑤経営資源の効果的・効率的活用――。

中期経営計画にこれらが盛り込まれることになったが、中曽はそれだけでは満足しなかった。中期経営計画は時期がくれば終了するので、この部分だけを抜き出し、単独で永続的な「行動原則」として発表することにしたのだ。

日銀は同時にこの英文も作成したが、「公正な職務の遂行」は「integrity」と訳された。中曽が好んでよく使っていた表現の一つだった。

そして異例のことではあったが、作成に携わった幹部職員を国内の全支店に派遣して内容を説明させた。中曽らの「使命感に訴える」という試みに、行員の反応もおおむね良好だった。

誰がトップにきても揺るがない中央銀行――。

中曽らはこの五つの行動原則にその思いを込めた。

この中期経営計画と行動原則が正式なものになるには正副総裁と六人の審議委員からなる政策委員会で認められる必要がある。その会合が開かれたのは、一四年三月二五日だった。

担当の日銀幹部から内容について説明があったあと、審議委員の白井さゆりがこう発言した。

「この中期経営計画については、過去の計画と比較して非常に高く評価している。行動指針を明確にしたことであり、職員の意識を高めていくうえでも、今後の業務運営の方向性を明確化する意味でも非常によい」

そしていくつかの内容について質問したあと、「いずれにしても皆さんが相当な力を入れて策定してくれたものであり、本気度を感じる」と結んだ。

もう一人発言したのは、審議委員だった木内登英《たかひで》だった。

「中期経営計画が上から押し付けるようなものではなく、各役職員が共有でき、自らの目標に落とし込む役割を期待したい。この観点から担当の方が各支店を訪問して意見聴取したことは非常によかったと思う。そうした努力によって、この計画の実効性が高まるのではないかと思う」

金融政策では黒田執行部の提案に反対票を投じることが多い木内のような存在からも高い評価を受けたことで、担当者たちは少し報われた気がした。

中曽は周囲にこう漏らした。

「日銀の亀裂はどこで起きているかと言えば、OBとの間。黒田という異分子であること、次官をやっていない人が総裁になるという、格という観点からいかがかということ。そして、それを担いでいるのがわれわれ現役たちだからけしからんとなる。しかし、何があっても中央銀行は中央銀行だ。どんなに周りが騒いでいてもしっかりと核のある組織をつくらねば」

最後の採決は満場一致の賛成。ただ、「行動原則」が次に来る日銀のレジームチェンジに有効かどうかはまだ試されていない。

極秘文書

日銀が意思を決める場は政策決定会合だけではない。

この会合は金融政策を決めるのであって、組織を回すうえで重要な予算だとか規則だとかは、毎週火曜日と金曜日に開かれる定例の政策委員会で審議される。決定会合との違いを明確にするため、「通常会合」などと呼ばれる。

二〇一五年の秋も深まってきた一〇月二七日の火曜日。汗ばむくらいのいい天気だったこの日、通常会合に一件の議題が提出された。

タイトルは「引当金制度に関する検討要請」。

「引当金」などというと一般の人には縁遠い世界のようにも聞こえるが、実はこの問題は現行の金融政策をどうやって手じまいするのかという大問題に直結していた。そして、最終的には国民一人一人に負担としてのしかかってくる可能性があるテーマだったのだ。

総裁、副総裁、審議委員という合計九人の「意思決定権者」の手元には、事務方の配った資料が置かれていた。「議事関係資料」と名のついた紙を一枚めくると、この問題の重要性が分かる記述が目に飛び込んできた。

「機微にわたる情報が含まれておりますので、回覧範囲を含め、情報管理にはご注意下さい」

そしてその下には「一覧後廃棄」。つまりこのペーパーを手元に残すな、という注意書きまで大きく記されており、ど真ん中には「1」とか「2」などと番号のハンコが押されていた。1から始まり40番まで。万一このペーパーが外部に流出した場合、誰が漏らしたのかは番号を見れば明確になる。

この資料にはこう書かれていた。

一、量的・質的金融緩和の本行収益への影響

●量的・質的金融緩和を実施している局面では、長期国債の買入れに伴う利息収入が増加し、これが収益の増加に寄与する。

——今上半期決算においても、当期剰余金(税引後)は六二八八億円、前年同期比＋四〇九億円の増益。うち国債利息収入は六三九一億円、前年同期比＋一二二九億円。

●一方、量的・質的金融緩和からの出口局面では、保有国債の償還、資金吸収オペレーションの活用、超過準備に対する付利金利引き上げ等を含む諸対応により、収益が下振れ、状況によっては赤字となる可能性もある。

ここまで読んだだけでも、このペーパーをなぜ極秘扱いにしなければならないのかは明白だった。

この文書の趣旨はこういうことだった。今は国債を大量に買っていて利息収入が十分にあるので、「もうけ」は期待できるし、実際相当額の剰余金が発生している。しかし、問題は現行の緩和措置をやめようとしたとき。日銀の収益が失われるだけでなく赤字になる可能性もある――。

一三年以来進めてきた金融緩和措置をやめようとすることは「出口」と呼ばれていた。「出口では何が起こるのか」とか「出口への対応は」などという質問は記者会見や国会などで繰り返し出されたが、そのたびに黒田は「出口についての議論というのは当然内部ではやっているが、今から具体的にイメージを持って外にお話しすることは適当でない」(二〇一四年一〇月二八日の参議院財政金融委員会での答弁)などと「時期尚早論」でかわし続けている。

黒田が総裁となり日銀に乗り込んできたとき、企画局を中心にして、何通りものシミュレーションが策定された。もちろん、どのくらいの期間この異例の緩和を進めるのか、どのくらいの国債を保有することになるのか、将来緩和から引き締めに転じるときはどのくらいのペースで金利が上昇していくのか——などなど、試算の前提が違えば答えは何通りも準備できた。

「審議委員に二つの計算を示したら、その裏には三〇くらいの試算があるのだが、不確実性が大きすぎて正確なことは言えない」

行内でこの問題に関与した当局者が言うように、政策委員会に示す場合は、「赤字転落ありうべしで準備を進めています」という程度のことしか言えないというのも正直なところだった。

番号が振られたペーパーはさらにこう続いていた。

二、対応

●こうした収益の振幅に対応し、本行の財務の健全性を確保する観点から、本行の引当金制度を整備し、収益が上振れる局面ではその一部を積み立てたうえで、将来、収益が下振れる局面では取り崩すことが考えられる。

↓現状、長期国債に関する引当金として、「債券取引損失引当金」が存在。もっとも、現行の日本銀行法施行令および同施行規則においては、同引当金は、長期国債の売却及び償還等に伴う損益のみを対象としているため、量的・質的金融緩和のもとでの収益の振幅への対応には活用できない。

三、財務大臣への要請

●上記の対応を可能とするよう、財務大臣に対して、別紙のとおり、引当金制度に関する検討を要請することとしたい。本要請は、本年一一月中に行うこととし、その際には、要請の内容を対外公表することとしたい(それまでは対外秘)。

●本行からの要請を受けて、政府において制度対応(政省令改正)を講じることとなった場合には、本行でも会計規程の所要の改正が生じる見込み。

要するにこういうことだ。

日銀は金融緩和の手段として市場から国債を購入する。その代金を市場に放出するという形で通貨を供給していく。この時購入した国債は、基本的には満期まで保有する。

黒田が一三年四月から始めた異次元緩和により、猛烈な勢いで国債を買い始めているため残高は膨らみ、この議論をしていた当時の保有国債残高は三一〇兆円に達していた。平均利回りは〇・四三六%。利回りは微々たるものだが、保有する額が巨額であるため、日銀の国債利息収入が大きく増えるという状況だったのだ。

やや会計技術的になるが、日銀は「償却原価法」を採用しており、国債の時価評価をしていない。このため、市場の日々の金利動向ではなく、満期保有の平均利回りが問題になった。ただ「出口」にさしかかってきたときは違う。「出口」とは緩和政策をやめたときのことを意味する。もちろん、いきなり引き締め政策に移行できるかは経済状況によるのだが、もしやるとすれば日銀準備預金への付利金利を上昇させていく可能性が高い。

市中銀行が「銀行の銀行」である日銀に保有する口座は、法定残高をクリアしていることが義務付けられているが、法定比率以上の超過準備で預けられた金額については金利が付されている。その利払い費の総額が、日銀の得られる国債金利の収入よりも多くなれば、計算上は赤字に陥る。

赤字になったからと言って、現在の法体系では政府が日銀に資金供与することはできない。それは独立性の観点から考えて難しいということだった。日銀は自分で対策を講じねばならない。

「急速に国債購入を拡大させたので、その過程では収益は拡大した。どこかで出口に行くと収益が下振れする。従って事務方にできることとしては、この収益をならして、増加しているときには財務基盤の拡充をはかり、下振れに備えるというのは自然な発想だった」

日銀当局者はそう回顧する。

その内部での議論の一つの結論が、引当金拡充という財務体質強化策になって一五年一〇月二七日に示されたわけだ。

この日の政策委員会で、審議委員との間での「なぜ引当率が五〇％になるのか」など技術的な質疑が交わされたのち、日銀として正式に決定。この「債券取引損失引当金制度の拡充」は、翌月に政令改正として閣議決定された。

意見の相違

実は企画局がこの提案を政策委員会に示すまでには時間を必要とした。

日銀が新しい制度を導入するには財務省の同意が必要になる。この引当金の一件も日銀は企画局、財務省は理財局が前面に出ての協議となった。理財局が担当するのは、この局が日銀を所管することになっているからだ。

様々な論点を詰めていく作業が続いたが、話し合いが長引いた背景には、日銀の信認とは何なのかなどという哲学的な議論もあったからだと財務省当局者はいう。

この改正の狙いは何なのか――。日銀の財務体質の強化だった。

ではなぜ中央銀行の財務体質強化が必要なのか――。それは日銀、ひいては通貨への信認を維持する必要があるからだ。

では日銀が赤字になれば、それらの信認は崩れるのか――。

難解な論争だった。

日銀は毎年の黒字の中から政府に「国庫納付金」を納めていた。これは国の予算編成にとって重要な「雑収入」の一つ。財務省の前身である大蔵省が全盛の時代は、主計局のさじ加減でこの国庫納付金の額も変化してきたし、予算段階でその年度の納付金額の概算が計上されたため、日銀がこの金額から離れて決算を行う自由度は低かった。

新日銀法で独立性が確保された後、政策委員会でこの決め方に疑義が表明された。一九九八年五月のことだ。このときの議論で日銀納付金は収益状況に対応して自然体で納めていくという新しい原則が確認された。

財務省にとっても、予算額はなるべく安定的に推移したほうがありがたい。景気が悪くなって補正予算を組む時などは別だが、予算、とりわけ歳入に大きな穴が開くというのはなるべく避けたかった。

そういう意味からも、予算書で毎年数千億円程度計上される日銀納付金が大きくぶれるのはあまり歓迎できることではなかった。したがって、主計局的に考えても、収益は一定の方がいいということになっていた。そこまでは日銀も財務省も双方が合意できる。

両者の議論は哲学的な部分にも触れるものだった。

財務省側は、日銀が「こういう引き当てを分厚くしておいた方が通貨の信認につながる」という理屈だったことに疑問をはさんだ。

「通貨の信認、日銀が発行する日銀券の信認というのは課税高権だと思っている。日銀の引き当てがどうのではなく、国の課税権がしっかりとしていれば通貨への心配はいらない」

この問題に関与した理財局の幹部はこう話す。

日銀には準備金制度もある。これは収益の５％を積むことになっているが、財務大臣の認可をとればもっと積めることになっている。二〇一三年度の決算などは認可を受けて決定した。

しかし、それでは十分でない、というのが日銀の基本的な考え方だった。

これに対して財務省は、そもそも新しい引当金制度は必要なのか、という懐疑的な姿勢であった。

日銀と財務省の意見の違いは明確だった。

「一番議論になったのは必要なのかどうかという点。その点については振幅をならすために必要だという立場だ。今は金融政策として非伝統的な手法に取り組んでいる。量的緩和はバランスシートを使って行っている。出口でどうするのかを考える前提として、なぜ収益が振幅するのか、日銀の財務にどのようなインパクトがあるのかを含めて実務的なことを理解してもらう必要性があった」

議論に加わった日銀当局者はこう回顧する。

また別の日銀幹部はこう話す。

「これは結局日銀の財務をどう考えるのかということ。儲けが出ているときに、その一部を積み上げていくことに財務省は理解を示してくれていた。ではそれを毎年毎年財務省の認可をとりながら準備率でやるのか、新しい制度でやるのかということだった」

国庫納付金の関係から、財務省の中には「日銀がガメようとしている」と言う幹部もいて、話はなかなか前に進まなかった。確かに引当金を充実させれば納付金は減る可能性もある。

もちろん財務省も黒田異次元緩和スタートのときから、日銀財務の健全性を意識していた。

中央銀行が国債を買えば、それは資産に計上される。日銀の場合、保有国債が時価で評価されることはないので、少々の金利変動があっても大きな影響はない。しかし、その保有額＝資産が膨らんでいけばいくほど、将来緩和をやめる、つまり金利が上昇していくときのリスクから受けるインパクトは大きくなるに決まっている。

そう考えていた財務省は、一三年四月四日、黒田が記者会見で「二年、二％」を打ち出した直前の金融政策決定会合で、副大臣の山口俊一にこう発言させていた。

「大胆な金融政策は、デフレ不況からの脱却に向けた「三本の矢」の中でも特に重要だが、目標達成に向けた道筋はいまだ描けていない」

「こうした状況のもと、「量的・質的金融緩和」が提案されたことは、二％の物価安定目標の早期実現に向け、新体制として大きな一歩を踏み出されたものと政府としても歓迎する」

そして副大臣は最後にこう付け加えた。

「日本銀行の財務基盤の健全性確保のあり方については、日本銀行の考えもよく伺っていきたい」

この財務省の問題意識を日銀は突いた。

「財務基盤の健全性確保というフィロソフィーで合意ができるのだから、あとは技術的な話ということではないのか」

日銀は以前から「新たな制度が必要だ」と言っていたが、「緊急性を感じない」ということで財務省に断られた。

以前は国債の売買などから生じる収益の五〇%を積むことになっていたが、会計制度の変更により事実上使われなくなっていた。このとき日銀が自己資本の強化を図ろうとすれば、収益の五%を積む法定準備金と、大臣の認可をとりそれを五%を超えて積み上げる以外に手はなかった。

日銀は理財局をこう説得した。「将来出口を出る時は、これだけでは足りないかもしれない」財務省から見ると、日銀の主張には「根拠」がなかった。ただ漠然と「今のままでは不十分だ」では通らない。

財務省は「足りないかどうかは分からないだろう」と押し返した。

その議論の打開に局長が乗り出してきた。日銀の企画局長だった内田真一が財務省に連絡をして幹部と食事をした。

それでもなかなか話が進展せず、最終的には当時理財局次長として内閣官房から財務省に戻っていた飯塚厚を企画局長の内田が訪ね、一気に合意に持っていった。一五年四月一〇日のことだ。二人はひざ詰めで長時間話し合い、その場で新しい制度の概略を決めていった。

財務省も最終的には日銀の新制度を認めることにする。日銀納付金の減少という事態が控えるため、主計局との調整を経てのことだ。

このような事案は次官にも決裁を仰ぐ。理財局の幹部たちの説明を事務次官室で聞いたのは香川だった。ガンの浸潤は広がっていたが、勤務は続けていた。

四月一五日、新しい制度の概要や国庫納付金に影響があることなど一通りの説明をした後、官僚たちは次官の一言を待った。

年功序列の厳しい官僚の世界で、事務次官は最高位にある。そこで差戻されたりしては、事態が前に進まないだけでなく、その問題を担当した自分たちの評価にも差しさわりが出る。彼らは国庫納付金の減少について何か指摘されるのではないかと身構えた。香川は若いころから主計局の経験が長い。納付金の減少を「重大事」と捉えるかもしれない。

しかし、このときの香川の反応は実にあっさりしていた。

「まあ、いいんじゃないの。どうせ儲けたって官邸が使うだけだ」

理財局の幹部たちは、この香川の反応に安堵した。同時に、常に冷めた目で事態を観察していると評判の香川が、この政権の予算編成についてどのような思いをもっているのかを痛切に感じとった。

国庫納付金は年度によって違いがあるが数千億円程度だ。もしこれが兆円単位であれば話は別だったかもしれない。

「この問題の本質は何か。それは大それた中央銀行論や国庫納付金の多寡ではない。このとき、つまりこの議論が始まった一五年に、日銀がそういう恐怖感、つまり赤字になるかもしれないという恐れをすでに抱いていたことが事の本質なのだと思う。自分たちが行っている金融緩和政策が長期化すればするほど、そのリスクは高まるわけだから」

財務省でこの問題に関与した官僚はこう振り返っている。

官邸との距離

あとは具体的に政省令にする作業が残る。政省令改正は閣議決定事項になるので、財務省を超えて各省庁の同意が必要になる。そして当然ながら首相官邸の事前了解は必須だった。その根回しが行われようとしていたとき、日銀のトップレベルに奇妙な要請が届いた。

「官邸へは日銀も言っておいてくれないか」

本来根回しは財務官僚が最も得意とする分野だ。しかし、それを日銀もやれという。日銀側がどうしてだろうと思っているところ説明された。

「だって財務省が前に出たら、嫌味を言っているように聞こえる。異次元緩和などという変な政策を始めているおかげで、尻ぬぐいが必要になっていると」

「なぜ財務は根回しに消極的なのだろう」といぶかっていた日銀にはすとんと落ちる説明だった。同時にこの話を聞かされた幹部は、財務省と官邸の距離が思いのほかに離れているのだと感じた。

以前であれば、政治家による濃淡の差はあっても、官邸は「官庁の中の官庁」である大蔵省の意思も汲みながら政策運営を進めていた。言ってみれば大蔵と官邸は並列だった。

例えばこんな逸話が残る。

大蔵省から首相秘書官として官邸に出向していた官僚が、あるとき、本省の事務次官から「この案件でお前のボスを説得しろ」と命じられた。しかし、首相は最後まで「ウン」と言わない。秘書官が次官に不首尾を伝えるとこう怒鳴られた。

「首相ごときを説得できずに何のための秘書官か」

良し悪しは別として、ひと昔前、この役所に集う官僚たちは「国家運営の中心ここにあり」という様を隠さず、諸外国から「官僚主導国家・日本」の黒幕と観察された。

しかし今は違う。大蔵省を継いだ財務省は、安倍政権になってから遠慮がちに政策運営に関与、官邸への根回しまで日銀の協力を求めるようになった。これが「世を忍ぶ仮の姿」なのか、統治機構の構造変化に伴った実態なのか、今一つはっきりとしないが。

財務省の要請を受け、副総裁の中曽が官房長官の菅の耳にこの制度改革の話を入れたのは、それからしばらくしてからだった。

第6章　「為替市場に介入せよ」

政と官のバランスが政の方に傾くと、細かな政策運営にも注文がつくようになる。しかし、担当する分野のプロとして官僚が職人芸的に職務を遂行しているとされる場合、政治主導はどこまで有効なのか。為替介入という具体的事例を材料に検証してみた。

為替条項

アベノミクスが始まってしばらく、日本は久しぶりに国際金融の世界で脚光を浴びた。ロンドン、ニューヨークといった世界の金融都市に駐在する日銀や財務省の当局者はにわかに人気者となり、セミナーやパネルディスカッションに招かれ、バブル崩壊以降鳴りを潜めていた極東の島国で何が起こっているのか質問を浴びた。

当時ロンドンにいた当局者はこう話す。

「安倍さんが政権に復活するまで日本は忘れ去られていた。日本についてのアナリストもいなくなっていたし、欧米金融関係者のつくる投資用の英文資料も貧弱だった。それがアベノミクスの開始前後から市場が動いたため、「何が起こっているんだ」となって、しばらくは日本株への関心がやまなかった。しかしそのモメンタム(勢い)も次第に失われていったのだが」

そんな状況の中で、安倍政権の対外経済課題の一つにTPPへの参加問題があった。

「環太平洋連携協定」と訳されるTPPとは、米国のほかニュージーランド、豪州、シンガポールなどが参加する貿易自由化の試み。農業分野を抱える日本も安倍政権になって参加の方向に舵を切り、具体的な交渉を各国との間で続けていた。

二〇一五年七月二〇日。米国からTPPに関する提案が書面で財務省に届いた。のちに「為替条項」と呼ばれるものだ。

「TPP参加国で通貨当局による委員会を設立して、マクロ経済政策を議論し、政策勧告を盛り込んだ年次報告書を作成して公表する。当然この対象には為替政策も含む」

「為替に関する二国間協議の要請があれば応諾を義務付け、この協議がうまくいかない場合はこの委員会で検討を行い、政策勧告を作成・公表する」

「TPP加盟国が他の加盟国に対して二国間協議を要請できるのは、競争上の目的で通貨の減価をはかる疑いがあるときなどで、その場合は三〇日以内に二国間協議を義務付ける」

五月にも同じようなものが届いていたが、米連邦議会が六月二四日に大統領貿易促進権限法(TPA)を成立させた。その中に「米国の貿易相手国による為替操作を回避すること」という交渉目的が挿入された。米国の要求は本気度を増していた。

米国は憲法上、通商交渉の権限は連邦議会が有している。したがってどこかの国と本格的な貿易自由化の話し合いをする場合は、ホワイトハウスが議会から交渉の権限を一時的に譲り受ける必要がある。それを定めたのがTPAだった。

この法律には本来権限を持っている議会の意向が色濃く反映される。「為替操作」をさせないというのは、明らかに日本に対する牽制と読めた。

米国内、特に議会などには、日本や中国が為替を操作して自国の輸出に有利な取り計らいをしているという疑いの声が強かった。

したがってこういう条項が議会の意向で入ってくれば、政権もその実現のために努力しないと、あとで苦労せねばならない。政権が結んできた協定を承認するかどうかは議会にかかっているからだ。

日本側は米国の狙いを想像してみた。円安阻止かと。

アベノミクスが始まった一三年の初め頃、円下落の速度がアップしていた。一月には一ドル＝八〇円台後半だった円相場は、二月になると九〇円台半ばへと迫っていた。米国などにはこの円安に対する不満がくすぶっていた。

円安は日銀の大規模な金融緩和措置の結果と説明された。金融緩和→通貨の供給増大→円の価値の下落→円安というわけだ。もちろん、円安にするために金融緩和を続けているなどとは誰も言っていなかったが、結果的に生じた円安が企業業績に、そして株価にと連鎖して好影響を与えているのは明らかだ。

万一この生命線が断たれ円高に振れ始めればアベノミクスはピンチだ。TPPに「円安防止」の文言が入れば厄介なことになる。

「金融緩和の結果円安になっている」という説明は絶対に必要な防御ラインだった。「円安を目指して金融緩和している」などと認定されれば、米国のみならず各国から指弾される恐れがあった。すでに国際的に「競争的通貨安政策はとらない」と合意されているためだ。

特に注意したのは首相をはじめとする国会答弁だった。アベノミクスが始まった頃、何人かの有力政治家が「円安志向」の本音をむき出しにして、米国から強い反発を招いたこともある。財務省や官邸の官僚たちは国会答弁にも注意し、用意する「想定問答」にも誤解を受けるようなおかしな表現が入らないよう念入りにチェックした。

事実上骨抜きに

財務省は七月二〇日に届いた米側提案の吟味に入った。

米国提案をよく読むと、為替条項は法的拘束力を有する正式な政府間取り決めであることが分かってきた。しかも二国間協議を義務付けている。

すでに為替条項の話は市場に漏れ出している。万一日本がそれを飲むというような情報が伝われば、それだけで市場は円の先高観からドルを売って円を買おうとするだろう。

米国案の受け入れは難しいことを確認したものの、TPA法に縛られた米政府はこの条項を勝ち取る責務を議会に対して負っている。

日本の財務省は「落としどころ」を探った。

「マクロ経済や為替などの安定の重要性を確認する政治的声明を発出したらどうか」

「G7やG20の枠組みと同様、通貨当局間のハイレベル協議を定期的に行い、為替も含めたマクロ経済政策について話し合うというアイデアもあるぞ」

様々な意見がでたが、「どのような場合であれ、法的な枠組みでないものにする必要がある」という線は絶対に譲れない。財務省はそう決めた。

日本ではそもそも為替介入は法律上、財務省の権限だった。日銀は財務省の依頼を受けて介入の実務を行う実行部隊という位置づけだ。為替市場の規模がどんどん大きくなり、介入の効果に限界がみられるとはいえ、米国の提案を認めれば、円高阻止の介入はいかなる場合でも難しくなる。

財務省は修正に向けて動き始めた。

まず、七月三一日に財務相の麻生が米財務長官のジェイコブ・ルーと電話で会談した。

「この協議の枠組みは法的拘束力を持つべきではない」

「為替関係はTPP交渉やその枠組みとは完全に切り離すべきではないか」

麻生は米側のカウンターパートにこう迫った。豪州、ニュージーランド、マレーシアなど、他の交渉参加国も同じような要求を米側にしていることを財務省はつかんでいた。一対一の要請より、ほかに味方がいるのは心強かったし、米側も修正に応じることもやぶさかではないという雰囲気も伝わってきた。

七月三一日の日米財務相電話会談のあと、ほどなくして米側から日本の懸念を反映させたとする新たな提案が届いた。

「狭義の枠組みは日本の言う通り、法的枠組みを有しない「共同コミットメント」という位置づけではどうか」

「二国間協議の記載は維持するが、要請を受けた国に応諾の義務付けはしない」

米側はこの提案を最高レベルでも押してきた。

八月二六日、米国家安全保障局（NSA）が、日本政府を盗聴していたことが内部告発サイト「ウィキリークス」で明るみに出た一件をめぐって安倍首相とオバマ大統領が電話会談を行った。その際、オバマは本題とは関係のない為替をめぐる米側提案に言及し、受け入れを求めた。

「お前たちの要望に応じたんだからもういいだろう」というわけだ。

米国の狙いは円安の阻止にあるのではないかということになれば、「アベノミクス」の柱を失いかねない。財務省は首脳会談でこの件がもち出されたことを対外的に伏せるとともに、「まだ受け入れられない点がある」と米側との交渉を加速させた。

二〇一五年九月二八日、ワシントンの街に財務省財務官、浅川雅嗣の姿があった。

財務官というポストは世界を飛び回る。以前、主要先進七か国財務相・中央銀行総裁会議(G7)全盛期のころ、マクロ経済を仕切る官庁のナンバー2は「通貨マフィア」と呼ばれていた。日本なら財務省の財務官、米国なら財務省の国際担当次官だ。彼らは密接なコンタクトを繰り返し、世界の通貨秩序維持に全力を挙げる。

この日浅川が抱えていた案件は為替条項の問題だった。米国はこう主張した。

「為替に関する新たな協議の仕組みを考慮してほしい」「TPP関連法案の議会通過を考えれば、その対策上不可欠だ」

浅川はこう反論した。

「為替については従来通り政治的な干渉を受けることなく、通貨当局者の間で議論していくことが効果的だし現実的だ。そのためにG7、G20、IMF(国際通貨基金)などの場がある」

さらに「法的拘束力を想起させる文言を削除してほしい」「論議内容をまとめた報告の策定・公表をやめよう」「為替は日米で議論するのが最も重要である」とたたみかけた。

話し合いの結果、米側はすでに提示していた草案のタイトルから「コミットメント」という単語を削除することで合意した。これは大きな成果だった。法的拘束力を有さない枠組みとなることが確実だからだ。

次に米側はこう返してきた。

「ならばこの為替問題についてTPP協定本体の前文で言及してはどうか」

通常、協定の前文というのは、精神論、理想論が盛り込まれるものだ。そんなところに為替の問題が入ってくれば目立つだけでなく、協定本体の枠組みからは切り離すという日本の方針とも反する。

浅川は「前文に何か書くとしても為替問題を強調しての記述は避けるべきだ」と反論した。

最終的には日本側の主張が通り、為替はTPP協定本体とは別の合意となり、強制力を失い、「環太平洋パートナーシップ参加国のマクロ経済政策当局間の共同宣言」という名前で発表された。とりあえず為替条項問題で日本は米側の要求をはねのけたことになる。

このとき、浅川のカウンターパートで財務省の次官だったネイサン・シーツはこう振り返る。

「一般的に言えば、われわれは為替管理の問題を非常に重要だと考えていた。特にＴＰＰ参加国が、競争的な通貨安政策をとるぞというような構えをやめて、建設的な為替政策の追求を確実にするということに重きをおいた。最終的な通貨管理は透明性の強化をメンバー国間の協議という形で合意に至った」

米国としても目的は達したというわけだ。

その後、ＴＰＰは最終的に一五年一〇月五日、米国のアトランタでの協議でまとまった。米財務省のシーツは、「競争的な通貨政策に対応する明確なメカニズムを創設した顕著なケースといえる」と自賛するが、「協定本体に入ったら一大事になる」と懸念された為替条項は事実上骨抜きで決着した。

しかし、日本が競争的通貨安政策の破棄を試される局面は、その半年後に訪れることになる。

円安確信犯

ＴＰＰ合意があった二〇一五年は、中国・上海の株価急落に端を発するチャイナ・ショックで国際金融市場は不安定になっていた。一六年が明けても市場は方向の定まらない動きを示した。

この年最初の取引である一月四日の東京株式市場は、世界経済の先行きへの警戒感が強まり、ほぼ全面安となるなど、不安を感じさせるスタートとなった。そして同時に円もじりじりと高くなっていった。

日本の官僚組織で、為替問題で大きな権限をもっているのは財務省の財務官だ。介入を決めるのもたいていは財務官一人の判断になる。

以前このポストにいて「ミスター円」と呼ばれた榊原英資《えいすけ》はこう話す。

「僕は大臣から包括的な許可を受けていた。どこでどうやるかは任せるよと。介入する場合は米国と握らないとだめだから、向こう(米財務省)のサマーズ(ローレンス・サマーズ、当時の財務次官)らと連絡をとりあった。介入するということは円だけではなく、ドルという通貨にも影響を与えるからだ」

「介入の判断は為替相場の水準だけでなく、変動のスピードやその原因など様々な要素を考えて行う。介入規模もそうだ。したがってかなり専門的な領域であり、素人が口を挟める世界ではない」

大蔵省時代から、為替は経済政策の中でも重要なポジションを占めていた。一九七一年のニクソン・ショック。「金とドルの兌換を停止する」という米国の決定に対して、一ドル=三六〇円で固定されていた円は変動相場制への移行を余儀なくされるのだが、このとき日本政府の中で中心的役割を果たしたのは直前まで財務官を務めていた柏木雄介だった。

また八五年のプラザ合意は日本の大蔵官僚たちが周到に円高を演出したが、このときも主導したのは財務官の大場智満や、のちに財務官になる内海孚《まこと》ら国際派財務官僚だった。

ただ、為替介入を実行するのは日銀だった。彼らは財務省からの指示を受け、市中銀行との間で実際に通貨の売り買いを行う。

したがって日銀も為替の動向には常に目を光らせていたし、財務省とも緊密な連絡をとっていた。

二〇一六年四月七日。そんな日銀に「介入準備」を要請する連絡が財務省から入った。彼らはただちに要員を待機させるとともに、何が起こっているのかの情報収集にも努めた。

そして、この介入が官邸からの指示であることが判明するまで、そう時間はかからなかった。官邸の主要メンバーが円安志向であることは知られていた。例えば官房長官の菅に関しては、政権発足直後にこんな一幕があったと関係者は言う。

日本の金融緩和により円安が進むと、米国からクレームがきた。本来ならこれは財務省で止める話なのだが、官邸の耳に入ったこの情報に菅が腹をたて、周囲に聞こえるような声でこう言った。一ドル＝九〇円台前半だった一三年初めごろのことだという。

「以前は一ドル＝一一〇円だったんだ。何でこの程度で文句を言われなきゃいけないんだ。円安がいいと、もっと言ってやろうか」

この政権は、「脱デフレ」と「株高を招くための円安」が二枚看板だった。もちろん対外的なことを考えれば、二番目の円安の話はそう簡単に外で言える話ではない。しかし、政権の周囲にいたある官僚はこう感じていた。

「安倍さんや菅さんは円安の確信犯だ。円安で何が悪いんだ、一時は七〇円くらいまでいったが、もともと一一〇円くらいだったんだぞ、日本はそこまで追い込まれていたんだ、円安誘導何が悪い、という感じだった」

また、官邸は、何かと米国のことばかり持ち出す財務省の国際派の説明にも「お前ら、だらしない」という感じで接してきた。

為替を扱うセクションの官僚たちにとって、官邸が円安志向であることは明々白々の事実だった。実際、菅は周辺に「介入させてみたい」と冗談めかして言ったことがある。しかし、本当に指示するとなると訳が違う。

財務省の別の幹部は、官邸からの円安圧力がかかる国際派の同僚を気にかけながらこう考えていた。

「円安なら日本経済が助かるというのは古臭い発想だ。これだけ海外での現地生産が進んだ状況で、円安はあまり意味がない」

確かに、日本の「円安信仰」「円高恐怖症」を疑問視する声は学者やエコノミストの間でも小さくなかった。

しかし、誤解であれ何であれ、時の実力政治家の圧力をかわすのは難しい。

「この政権は円安と株高を強く意識している」と感じる官僚は数多い。

一四年の初夏。間もなくその年の「骨太の方針」が出来上がるというタイミングで、経産省は官邸から「株価の情報をより細かく上げてくれ」と要請を受けた。それまでは株式市場で取引が始まる「寄り付き」の数字とその解説を上げていたのだが、要請は終値についても分析付きの数字が欲しいというのだ。

株式市場の監督は金融庁が行っている。このような要請が経産省に来るというのはこの政権の特徴だったが、この命を受けた官僚たちは思い出した。

ちょうどその一年前の一三年六月五日、安倍が間もなく発表される「骨太の方針」の中身を講演していると、「新味がない」として株価は講演中からどんどん下落し、結局五一八円安で取引を終えた。

「官邸はその恐怖を忘れていない」

経産官僚たちはそう思った。そして株高のためには円安になった方がいいんだなと。財務省の中にも、「この政権が最も重視しているのは株価。日本は円安なら株価が上がり、円高で株価が下落しがちだ。もし円高でも株価が高くなれば、この政権はそれでいいんだ」とみる幹部もいた。現実問題として株式市場は為替の動向に敏感だった。

それにしても、いちいち政治が介入を指示するなどというのは極めて異例だった。

しかし、官邸の力は増している。為替介入の要請は有無を言わせぬものだった。拒否回答は無理だったし、四月七日の為替水準は一ドル＝一〇八円だが、円高・ドル安に振れるペースは急だった。

そしてこの円高を背景にして、前日四月六日の日経平均株価は七営業日連続の下落となった。これは一二年一一月以来約三年五か月ぶりの出来事だった。

また、「上場企業の間で、一六年三月期(前期)の業績予想の下方修正が相次いでいる」というニュースも流れていた。円高の進行で業績がさらに悪化するとの懸念も市場では強まっていた。

ただ、コトはそう簡単ではなかった。

このころ、日本が単独で実施する介入は極めて難しいものになっていた。二〇一一年三月の東日本大震災直後とその年の一一月に介入して以降、為替市場に政府・日銀の手は入っていない。

「単独介入のハードルは極めて高い。介入というのは競争的な通貨価値の切り下げに見える。G7の掟は協調介入だけOKというもの。ヨーロッパは単独介入を下品だと思っているようだし、米国は中国に介入の口実を与えると考えていたようだ」

日銀首脳の一人がこう回顧するように、国際社会の中で介入は極めて難しい作業になっていた。

三つの基準

二〇一六年も二月に上海で開かれたG20の声明文にこんな表現が盛り込まれた。

「我々は、為替市場に関して緊密に協議する」「我々は、通貨の競争的な切り下げを回避する」

しかも米国はこれらの文言を「為替介入は事前に相談」と言っていると解釈した。事実上

「市場介入する場合は米国の許可を得ろよ」というわけだ。

日本の財務省は、「この文言は中国に向けたものだ」と言い張った。しかし、国内でも国外でも、中国以外に日本も標的になっているとみる専門家は多かったし、仮に日本政府の説明が正しいとしても、結果的に円売り介入も「事前相談」の枠で縛られることになった。

アベノミクス開始の前後から、大規模な金融緩和を背景に円が安くなっていったとき、米国が強い不満をぶつけてきたことを、財務官僚たちはよく覚えていた。

しかし、今回介入圧力をかけてきたのは日本の首相官邸だ。

財務省は「一日だけ様子を見る」として即時の介入を避け時間稼ぎに入った、との情報も日銀に入った。

財務省にすれば、介入を単独でやる場合、各国への仁義を切ることは最低限必要だった。すでにG7レベルでは、「競争的な切り下げにつながる動き」はご法度とされていたので、弁明のための理屈づけを考えねばならない。各国への連絡もある。特に米国には「事前相談」が必要だ。このため、仮に実施するにしても少し間をとる必要があった。

介入は常に市場との神経戦になる。介入のうわさが出ただけで、市場は大きく反応することが考えられた。情報漏れは極力避けねばならない。極秘にされた官邸の介入指示を知っているのは財務省内でほんの数人だった。

財務省から介入準備を要請する連絡が入った日銀は、体制を整えながらもやや懐疑的だった。彼らは政権発足直後の米国の反応をよく覚えていた。

「米国があれほど反発することを簡単にできるとは思えないのだが」と、介入準備を命じられた幹部の一人はそう考えた。

しかし、今回は官邸からの指示らしい。米国の反発を覚悟で介入に踏み切る可能性なしとはしない――。日銀の幹部たちはそう見ていた。

ただ、緊張感をもって態勢を整えゴーサインを待つのは、たとえそれが無駄骨に終わっても意味があると考える日銀高官もいた。介入を最後に実施したのは一一年だ。それからの実績はゼロ。手順を確認しておくことは重要だった。

「日銀にとっても介入の準備指示は意味があった。実務のフローを確認しておく必要があったから」

要するに財務省の介入指示は災害にそなえた「避難訓練」のようなものだったのだろう。

日銀に介入準備の指示を出した財務省は、主要国への連絡に着手した。問題は米国だ。市場介入を嫌うこの国は、たとえそれが「異次元緩和」の結果であっても、アベノミクス開始以来の円安傾向を快く思っていなかった。

米財務省国際問題担当次官のシーツは、名門マサチューセッツ工科大学(MIT)の博士号をもつ俊英だった。FRBの国際畑にも在籍し日本にも知己が多い。

アベノミクス開始の頃、オバマ政権は「意図的な円安誘導ではないか」と疑っていた。これに対し、日本は円がじわじわと安くなっているのは、大規模緩和という日銀の金融政策の結果であって、円安を狙ったものではないのだと繰り返し説明していた。

一四年に財務次官に就任したシーツは、世界経済にとっては力強い日本の成長が必要であり、それを狙ったアベノミクスは歓迎されるべきだと考えていたが、同時に「介入には説得力のある理由が必要だ」というのがシーツの理解だった。

以下のどれかを含まねばならない、とシーツは各国の担当者に説明した。

「一つ目は実質実効為替レート(real effective exchange rate)が極めて不適切な動きになっているという証拠があること。二つ目は為替の急激な変動が市場を不安定化させ、実体経済にも影響を与える恐れがあること。そして三つ目には、外国為替市場の機能が損なわれているという証拠があることだ」

この三つに照らして日本の介入は正当化できるのか——。答えは明らかにノーだった。

そもそも米国は円高・ドル安水準ではないと考えていた。

ＦＲＢは一五年の一二月に九年半ぶりの利上げに踏み切ると同時に、翌一六年にはさらなる利上げを予告していた。この場合はドル高要因になるので、円安が進む。

しかし、世界経済の減速が顕著になったため、一六年三月に事実上の「利上げストップ」宣言をした。

ここで円安は逆回転を始める。円は急伸し、結果的に円高になっていく。日本側はこの動きは「無秩序（ディスオーダリー）」な動きだというロジックを立てようとする。それなら介入は認められているからだ。

米国は違った。そもそもアベノミクスが始まる前後から進んだ円安は、米国から見れば大幅なドル高を意味した。米国は「ドル高で成長率が落ちている」などと主張しており、日本が言う「無秩序な動き」は承服できない。

日米は時差の関係で朝晩が逆転している。四月七日夜から八日朝にかけて、両国の財務当局は連絡を取り合った。

ＦＲＢにも情報は回ったようで、日銀幹部にはこんなさぐりが入った。

「日本はそんなに大変な状況なのか」

連絡を受けた日銀幹部は、介入のことには触れずに「円高はきつい」という趣旨の説明を繰り返した。直截に話ができないのは、日本の場合、法律上の介入権限は中央銀行ではなく財務省にあるからだ。もちろん、両者は日本が介入をしたがっているという前提で話を進めていたし、内容がかみ合わないところはなかった。

政治主導の限界

しかし、翌朝、財務省と官邸の一握りの幹部たち、そして、少し遅れて一部の日銀メンバーに連絡が回ったのは、意外なストーリーだった。

日本からの要請はホワイトハウスにも回った。こんなメッセージが日本側に打ち返されてきた。

「オバマ大統領は介入をやめてもらえるよう、安倍首相に伝えてほしいと言っている」——。

これを聞き、日本側は青ざめた。

問題はすでに大統領に上がっている。しかも大統領は明確に介入反対の意思表示を伝えてきた。もし、このまま予定通り日本が介入を実施すれば、日米が為替問題で対立することになる。事態は深刻だった。

「すでに大統領に上がってしまった」

この報告を聞いた官邸も頭を抱えた。一瞬、日本の財務省が米側と仕組んだ芝居ではないかという疑念も生じたが、どちらにしても米国が反対を表明したのであれば大変だ。こんな些細なことで日米間の信頼関係を崩せない――。こう考えた日本側は最終的に「介入しない」との方針を米側に伝えた。

この連絡を受けたシーツは、一連の動きについてこう回顧する。

「個々の会話について明かすことはできないが、日本の財務省はG7各国との協議の結果、市場の展開は為替介入を正当化できないと結論付け、最終的に介入しないことを決めたということだ」

以前から市場介入は日米の官僚同士が、十分な時間をかけて枠組みを作り、意思疎通を図りながらプロとして経済全体への影響を考慮し決めていくことになっている。

「政治的な意向だけで為替介入ができるほど通貨マフィアの世界は甘くない。政治主導の負の側面がでた」

ある当局者はこのドタバタ劇についてこう振り返る。

「私自身はこの経緯について後日知ったのだが、まず聞いてピンと来たのは参院選だ。その年、つまり二〇一六年の夏には選挙が予定されていた。そこに円高が加われば自民党はピンチだ。介入指示にはそういう発想もあったのだろう」

三者会談

円高対応としては「三者会談」が存在した。

為替や株式の市場が急激に変動した場合、財務省の呼びかけで金融庁と日銀の担当者がはせ参じて、対応を協議する枠組みが菅官房長官の指示でつくられた。

浅川財務官のほかに、金融庁からは長官の森信親《のぶちか》、日銀は理事の雨宮正佳などが出席、その後ろに担当の官僚や日銀マンが腰をかけた。この会談は緊急時対応の色彩が強かったので、参加者は時折変化したが、会議終了後、浅川は記者団の前に姿を見せ、「市場の動向を注視する」などと語ることが多かった。

しかし、実態はやや異なっていたようだ。

「中身は雑談に毛の生えたようなもの。次第に三者がその時抱えているテーマを話し合うようになった。金融庁が「地銀経営も大変なんだよ」みたいな説明をしたこともあったなあ」

出席経験のある当局者はこう述懐する。そしてこう指摘する。

「参加者は財務省の官邸に向けたエクスキューズだと思っていた。日本の英知を集めてモニタリングしているから安心してくださいというわけだ。見ている視線の先はマーケットじゃない。官邸だった」

第7章　伝統か、非伝統か

アベノミクスの中核だった金融政策は、当初目標の「二年で二％の物価上昇」を達成できずに迷走する。最終的に日銀は自分たちで「不可能」と言っていた「長期金利のコントロール」に乗り出す。これは財務・日銀の力関係という観点からも一つの区切りとなった。

不評のマイナス金利

財務省、日銀、官邸などの限られたメンバーがばたついた「介入騒動」が一段落してしばらくたった二〇一六年六月二四日に、全世界が「アッ」と驚いたのは英国のEU離脱（ブレグジット）問題の国民投票で離脱が支持されたことだ。市場には不透明感が一挙に高まった。

七月二九日に日銀が動いた。

「金融緩和の強化」を決めたのだ。内容は、ETF（上場投資信託）買入れ額の増額、つまり保有残高が年間約六兆円に相当するペースで増加するよう買入れを行い、現行の約三・三兆円からほぼ倍増させる措置などをうった。

そして、夏休みをはさんで次の会合で「総括的検証」を行うことを予告した。

旧日銀法の下で、決定内容を政府が知らないということはあり得なかった。しかし新法下では違う。決定予定の内容は「秘中の秘」とされた。

これは市場対策ということもあるが、それ以上に、新日銀法で勝ち取った「独立性」をいかに確保するかということと関係があった。旧法下で大蔵省の同意がなければ何もできなかった中央銀行ではないのだから、事前に総裁提案を知らせるなどというのはあり得ない事だった。

ただ、日銀も、それだけでことが済むとは思っていなかった。「そこはかとなく」次の展開を示唆しておくことも時に、重要となる局面があった。

この夏もそういうタイミングだった。

すでに英国のEU離脱問題や新興国の経済減速で不安感は増している。政策的に何か手を打つ必要があるような状況になればすぐに動ける用意はしておかねばならない。

ちょうどこの時、参議院選挙が行われていた。政治家やその周辺はこの三年に一度のイベントにかかりきりになる。投票日の七月一〇日まで、政治家からの問い合わせなどはめっきり少なくなるが、選挙後を見据えて、準備を進めておくことは必須だった。

このとき、財務省は日銀の苦境も見て取っていた。

一月に日銀はマイナス金利を導入したが、その評判は芳しくなかった。ある大手銀行で頭取や会長を務めた有名なバンカーは、「日銀がわれわれの仲間ではなかったということがよく分かった」との表現で日銀を批判した。

「マイナス金利のインパクトがかなり強く、しかも裏目にでている。これを上書きすることを日銀は懸命に考えていたようだった」と財務官僚は回顧する。

七月一〇日の参院選は再び安倍自民党の勝利という結果に終わった。

翌七月一一日、首相は経済対策をまとめるように指示。そして決定を八月二日の閣議にセットした。七月二九日の決定会合直後だ。

安倍の発表前から、財務省はこのスケジュール観と経済対策の規模を日銀に伝えていた。

財務省側はこう考えていた。

「これで少し時間が稼げるだろう」

日銀がマイナス金利からの転換を図るのに時間をプレゼントしてあげたわけだ。

ただ、同時に財務省はコミュニケーションが大事だということを強く意識していた。マイナス金利で市場をうまくコントロールできなかったのも、日銀のコミュニケーション能力に問題があるのではないかとも考えていたわけだ。

財務省や日銀には様々な意思疎通のルートがある。しかし、真正面から「お前のやり方が悪い」と公式には言えない。独立して政策を遂行している日銀に対して言えることではないからだ。

このため、財務省は金融政策決定会合の場を活用した。この会合の最後に、政府側からの出席者が意見を述べる機会がある。そこに出るのは、多くの場合、副大臣だ。七月二九日、「緩和の強化」を決め、九月の総括的検証発表を予告したこの会合の最後で、坂井学副大臣にこう発言してもらった。

「今回の提案を含め、金融政策運営の状況などについては、引き続き、丁寧かつ積極的な説明に努めて頂きたい」

要するに、何かあればきちんと分かりやすくコミュニケーションをとれよ、と言っていた。

副大臣はほとんどの会合で最後に一言発言する。その原稿は財務省の官僚たちが準備する。具体的にいえば総合政策課の面々だ。官僚たちにとって、準備万端整えることはイロハのイだった。決定会合での副大臣の発言も事前に準備を整えて臨むイベントの一つだった。

舞台裏では微妙なニュアンスの差があろうとも、副大臣の発言はすぐに「議事要旨」として世に出る。政府・日銀に齟齬があれば、それを放っておくほど市場は甘くないので、政策変更があった場合でも、財務省の基本線は常に「日銀の新しい提案を歓迎したい」となっていた。

七月の時も、副大臣の坂井はコミュニケーションを求める発言の前にこう述べていた。

「今回執行部から提案のあった事項については、世界経済のリスクも踏まえつつ、金融政策の目標を確実に達成するために必要な措置として提案されたと認識しており、歓迎したい」

「共同声明」見直し論

二〇一六年の八月二日、日銀の黒田と財務相の麻生が、帝国ホテルで会った。それぞれ、浅川雅嗣財務官、雨宮正佳理事が帯同している。

このとき財務次官に昇格していた佐藤慎一は三年前の「共同声明」をまとめた一人だった。「デフレ脱却と持続的な経済成長の実現のための政府・日本銀行の政策連携について」という長い名前の共同声明はアベノミクスの原点とも言える文章。日銀には消費者物価の前年比上昇率二％の早期達成を要請し、政府には「持続可能な財政構造を確立」という表現で財政再建を求めるとともに規制緩和などの経済構造改革をリクエストするという内容になっていた。

しかし、その後の展開は全く異なっていた。

二％は当初黒田の言っていた二年を過ぎても全く達成できず、消費税増税を二回も延期された財務官僚にとって持続可能な財政構造の確立には程遠い状況だった。さらに構造改革につながる「成長戦略」を示した「第三の矢」は「全く飛ばなかった」と酷評される仕末。つまり一三年一月の共同声明でうたいあげた政策課題は全く実現できなかったわけだ。

そのことを一番よく分かっていたのは、安倍官邸の強い圧力をいなしながら、白川総裁のもとで原理原則を重視する日銀を説得し、何とか声明をとりまとめた佐藤だった。

主税局長を経て事務次官になっていた佐藤は、「一三年の精神を踏まえて路線を整理せねばならない」という言い方で部下に指示を出した。

共同声明の確認が必要だ。政策のバラバラ感がでているのを放っておいてはいけない。陳腐化し国内で忘れられてきたのであれば、タガを締めなおす必要もある。しかも「できるだけ早期に」という実現の期限は何回も先延ばしされ、すでに三年が経過している。これは共同声明に抵触するのではないか――。

佐藤の主張は、場合によっては共同声明の見直しにまで発展する要素を含んでいた。

ただ、この文書に手を付けることは同時にリスクを伴った。「二％」という数字をいじっても、「できるだけ早期に」という文言に手を付けても、その意図をめぐって市場は混乱するかもしれない。何か日銀と財務省の間で不協和音でも生じているのではないかという疑いを抱かれるかもしれない。政治的にも野党の追及は目に見えている。

二％達成に官邸はすでに関心を失っているようにも見えた。国会答弁で安倍は、雇用の回復などを強調しながらアベノミクスの成果を誇ったが、当初力説していた「物価上昇率二％達成でデフレから脱却」という趣旨の表現は、すっかり聞かれなくなっていた。

ならばここは手を付けないほうがいいのではないか――。

最終的に日銀と財務省の間でそういう合意が交わされた。

そしてそれを「見せる」ことにした。市場に、そして国民に。それが八月二日の麻生・黒田会談につながったのだ。

ちょうど政府は事業規模で二八兆円の経済対策を決めている。共同声明の再確認でアピールすれば、安倍政権の経済対策への取り組みの本気度も伝わる。こんな思惑が両当局にはあった。

当初、アベノミクスは「デフレからの脱却」を核として始まり、「大胆な金融政策」で物価上昇率を二%にまで引き上げることが目標とされた。それは共同声明にも明記された。

それから三年。猛烈な政治的圧力をかけて日銀にインフレ目標を認めさせた政権は、その責任も、達成されない原因の究明も、すべて日銀におしつけて平然としている――。ある日銀幹部の率直な感想だ。

ただ、そのようなことを日常の政策遂行の場で口にしてもあまり意味がないように思えた。現実問題として金融政策をめぐり政府と日銀の間で意見の齟齬はほとんどない。二〇〇〇年八月の「ゼロ金利解除」のとき、政府が新日銀法で定められた議決延期請求権を行使したような事態はもちろん、一三年一月の共同声明作成時の対立も、黒田日銀との間では生じていない。引当金のような問題で、時折さざ波が起きる程度だ。安倍と黒田の方向性が一致しているからで、「以前のように対立しても仕方ない」と財務省の高官は言う。

「ほとんどが雑談」だったという八月二日の会談のあと、記者会見で麻生はこう述べた。

「先ほど経済対策とりまとめの時機を捉えて、黒田総裁との間で意見交換をさせていただきました。デフレ脱却と持続的な経済成長の実現というのは、政府、日銀の共通の重要な政策課題で、今後とも引き続き平成二五年（二〇一三年）一月に出しました共同声明にのっとって、緊密な連携のもとに金融政策・財政政策・構造改革を総動員して、アベノミクスの一層の加速化に、一体となって取り組んでいくことを黒田総裁と再確認をしております」

（財務省のホームページより、二〇一六年八月二日麻生財務相記者会見の概要）

政府・日銀の共同声明を見直す試みは、「再確認」という表現に吸収される形で収束していった。

最終的に一八年四月九日、黒田は総裁として再任された日に安倍や麻生らと官邸で会談した。その席で、共同声明は再び「再確認」された。

政府高官はこう話していた。

「しかし、再確認と言っても、できてないことを確認しただけだからなあ」

企画されたコミュニケーション

二〇一六年七月の参院選で勝利した安倍政権は経済対策を打ち出した。日銀も緩和の強化を決め、「総括的検証」をやろうという方向性を打ち出した。

では「総括的検証」とは何なのか。マイナス金利という政策に変更はあるのか――。すぐにそんな疑問が浮かんできた。それは七月の決定会合で何も言及されていない。

金融政策は担当理事以下、日銀の企画局が管轄する。政府側のカウンターパートは財務省の総括審議官が率いる総合政策課。

彼らには日常的な接触の場もあった。特に決定会合直前に開かれるごく少人数の会合は重要だった。

タイミングは「三日ほど前」。財務省が日銀に出向くことが大半だ。率いるのは日銀が企画局長、財務省が総合政策課長というのが長年の慣習だった。

局長と課長が対等というのは世間一般からは奇異に映るが、旧法下で「大蔵省本石町出張所」などと揶揄されていたころから、総裁－大臣、副総裁－事務次官、理事－局長、局長－課長がカウンターパートというのが、日銀・財務間の作法だった。

この会合も、その原則に則っていたわけだ。日銀、財務とも三人ずつ出席する会合だったことから「スリー・オン・スリー」などと呼ばれたが、片方の出席者が四人に増えることもあった。

もちろんこの場で、予想される決定会合の中身を日銀側が明らかにするようなことはしない。双方が景気の現状認識を述べ合い、考えられる政治的スケジュールや国会情勢などを意見交換するが、九月の決定会合を前にして開かれたこの会合でも、日銀側が考えていることをすべて明らかにすることはなかった。

しかし、それまでに日銀は少しずつメッセージを財務省に伝えていた。

「九月五日の総裁講演に注意せよ。骨格が示される可能性があるぞ」

総裁講演にはほとんどアドリブがない。用意された文章が一言一言丁寧に読み上げられる。それは単語の使い方から、文章の配置まで、企画局を中心とした日銀マンたちが様々なポイントに注意を払って練り上げたものだからだ。

九月五日、予定通り黒田はこう言った。

「マイナス金利導入後、長期金利や超長期金利の水準が大幅に低下していますが、（中略）マインドという面で、人々の間に広い意味での金融機能の持続性に対する不安をもたらし、経済活動に悪影響を及ぼす可能性には留意する必要があります」

市場ではこのとき日銀がマイナス金利の拡大に動くのではないかとの観測も根強かった。黒田はその観測を明確に否定しなかったが、同時にマイナス金利の弊害について認識しているという姿勢を強調した。重点の置き方を考えれば、次の一手でマイナス金利を動かすことはなさそうにみえた。

実はこのとき、日銀はほぼ準備を整えていた。もっと正確に言えば、七月に「総括的検証を行う」と予告発表した際、すでに九月に決定する中身の概略は出来上がっていた。それが「長期金利の誘導」だった。

日銀の最高幹部の一人は「本当ならもっと早く夏前にでもやりたかった。一七年にはいると日銀総裁人事が動き出すので、なるべくそれと離したかったが、結果的に九月になった。まあ、問題は全くなかったが」と振り返る。

担当理事の雨宮が部下に具体化を指示したのは、その年の五月か六月だったと関係者は証言する。審議委員などをまじえた勉強会で本格的な議論が始まったのは七月だった。

別の日銀当局者はこう振り返る。

「この手のアイデアは常にあるし、パーツ、パーツはいつも考えていることだ。ただ、七月に総括的検証をやると明らかにしたときは、まだまとまって紙になっているという状況ではなかったので、（担当の）企画局は夏休みもそこそこにまとめの作業に集中していた」

日銀は従来から「長期金利はコントロールできない」と繰り返してきた。

長期金利というのは一〇年、二〇年という長いスパンで物事を見通したとき、日本経済の将来像を念頭に置きながら市場が決めている。

従来の説明は、短期金利の誘導を通じて、足の短い金利を上げ下げする。そうすると、その上げ下げはより長い金利へと自然に波及していき、長期金利も上がったり下がったりすることになる。

これを日銀は「金利の裁定」と呼んでいた。長期金利は誘導できないというのは日銀の常識とされていた。

それをひっくり返して、長期金利を誘導しようというのだから、決断はいる。しかも、今まで「できない」と繰り返していた自分たちの責任も追及されかねない。

しかし、理事の雨宮はこのアイデアで日銀をまとめていった。そして新しいこのアイデアに「イールド・カーブ・コントロール（ＹＣＣ）」という名前をつけた。

長期金利のコントロールについて、雨宮や企画局長の内田真一には自信があった。長期金利のコントロールは問題が二つある、と彼らは周辺に話した。一つは、できるか、できないか。もう一つは、すべきか、すべきでないか——。

そして明確な結論を得ていた。

「長期金利はコントロールできる」と。

もう一つの問題は「すべきか否か」ということだったが、雨宮はのちに講演の席で内心にためた思いをこう吐き出した。

——中央銀行が「長期金利の操作はできないしするべきではない」というテーゼが定着してきたのは「最近二〇年ほどの短い期間に過ぎない」のであって、大恐慌時には大経済学者、ケインズがルーズベルト米大統領にあてた書簡の中で、FRBが積極的に国債市場に介入して長期金利を低下させるべきだと主張していたこともあるくらいだ。

——自分たちのとった政策は過去には経済学の基礎を築いた大御所までもが言及したことなのだ。

さらに雨宮は次の展開を考えていた。

——欧米の学者の中には、中央銀行はバランスシートの拡大により新しい金融政策手段を獲得したので、無理に元に戻す、つまり正常化する必要はないと主張する向きも現れている。

（以上、二〇一七年一月一一日、雨宮理事講演記録より概要）

つまり、今は有事なので長期金利に手をかけているが、平時に戻れば再び長期からは手をひくという考えは古いのかもしれない。もうこのまま「新しい世界」に移行するのかどうかの検討も重要だ、と言っていたわけだ。

日銀は市場との対話にも心を砕いた。

これまで黒田はサプライズで追加緩和を打ち出し、市場は舞い上がったこともあるが、マイナス金利導入直前には否定的な見解を繰り返していたことから、市場からの信頼を失いかけていた。

雨宮以下は「市場との対話」を綿密に仕組んだ。まず七月の決定会合で「総括的検証」を打ち出す。おそらく市場はこれが追加緩和のシグナルなのかを見極めようとするので、このとき黒田は会合後の記者会見で「『総括的な検証』を行い、さらに何か必要があれば当然金融政策についても考えていくことになると思います」という趣旨の発言をする。

そのあと七月の金融政策決定会合の「主な意見」が発表される。これにより決定会合でどのような議論があったのかはおぼろげにつかめる。会合から約一〇日後に出されることが多い。

ここにマイナス金利拡大について慎重とみられる意見を忍ばせた。

しかし、日銀はさらに念入りに仕組んだ。それが九月五日の黒田講演だったわけだ。

さらに雨宮たちはこの総裁の話を市場がうまく受け取れない場合に備えて、九月八日に予定された副総裁の中曽宏の講演を使うことにした。

万一市場が黒田講演の意味を取り違えるようなことがあれば、中曽の発言は意味をもってくる。「一種の保険だな」と、企画担当の幹部は考えていた。

中曽の講演は在日米商工会議所のアメリカ人たちを対象に英語で行われた。中曽の語学力には定評がある。

この中でこの副総裁は総括的検証について、「二％の早期実現のために何をすべきかという議論であり、緩和の縮小という方向の議論ではない」と政策の意図を明確にした。

これらの「企画されたコミュニケーション」を通じて「どうもマイナス金利の深堀りをするわけではなさそうだ」と受け取った市場は、落ち着いた動きを示した。

雨宮は周辺に、「ここまでうまくマーケットをコントロールしたことはないぞ」と自慢した。

財務省はそれまでの情報を総合し、総括的検証で何が語られるのか、追加の緩和措置では何がとられるのかをまとめ、九月一六日に官邸に総括審議官の太田充を派遣し説明させている。

「マイナス金利の深掘りではないが、緩和の手綱を緩めるわけではないようだ」と。

九月二一日の金融政策決定会合でＹＣＣや総括的検証が賛成多数で決まった。本当は金融政策のコペルニクス的展開とも言えるのだが、この広報体制が機能したのか、割合にあっさりと市場にも受け入れられた。

さらに日銀は念を押した。九月二九日付『日本経済新聞』の「経済教室」に企画局長の内田が論文を寄稿したのだ。日銀の企画局長が新聞を使ってコミュニケーションを図るのは異例だった。このページは学者らがかなり専門的なことを書いている。プロ向けの説明には絶好の場だった。

消費税引上げの教訓

一つだけ総括的検証で日銀と財務省の担当者たちが気にしたことがある。それは消費税だった。

二〇一四年四月に消費税を五％から八％に引き上げ、消費の減退を招いたとの批判が強かったのだが、総括的検証にそのことが盛り込まれるかははっきりしなかった。

一昔前の旧日銀法の下であれば、おそらく消費税という財務省の肝に触れる話はそう簡単にはできなかっただろう。触れるにしても一応財務省にお伺いを立ててから、ということになる。

しかし、日銀法が改正され日銀と財務省の力関係は大きく変わった。しかも財務省は安倍政権下でさらに力を落としている。日銀で総括的検証に関与した幹部は「消費税のことで財務省に伝えるかどうかを議論したことはない」と言い切る。

最終的に一四年四月の消費税増税については、「消費税率引き上げ後の需要の弱さ」が二％の実現を阻害した要因の一つとしてカウントされた。

一方、財務省には別の思惑があった。

八％への引上げ時には、景気先行きをもっと厳しく見てより対策を講じておくべきだった――。幹部の間ではこんな認識が共有されていた。だからこそだ。

「八％に引き上げたとき甘く見ていた。それを虚心坦懐に反省し、次回引上げの時の反省材料として考えようと思っていた。だから日銀に「書くのをやめてくれ」とは言わなかった」

この問題に関与した財務省当局者はこう振り返る。日銀と財務省をめぐる風景も権力構造の変化の副産物として、大きく変化していた。

もう一つ。このＹＣＣ導入は「長期金利をコントロールするのは誰か」という問題に決着をつけた。

大蔵省全盛時代、この役所の官僚たちは財政投融資の原資となっていた資金運用部資金のオペレーションを通じて、時々、長期金利の急上昇をおさえていた。どこか特定の水準をさだめての介入ではなく、市場の動揺を抑える意味合いが強い、いわゆる「スムージング・オペレーション」だったのだが、長期金利の動向は国債利払い費の増減という形で国家財政に直接的な影響を与える。担当していた理財局の幹部は「長期金利をコントロールするのはわれわれだ」と考えていた。

それから時は流れた。今は日銀が長期金利の支配者として名乗りを上げた。つまり、長期金利という国家財政の枢要部分の決定権を握るわけだ。

しかし、日銀がこの件に関して財務省と話し合った形跡はない。ある企画局の幹部はこう振り返る。

「（長期金利をコントロールすることについて）財務省と話し合おうとか相談しようという意識はなかった。やっていいですか、みたいなことも聞いていない。それは終わっている話だ。黒田さんの異次元緩和で国債を八〇兆円も買ったら、それは国債市場への介入に決まっている。ただ僕たちは金融政策のためにやっているのであって、財政を助けるためにやっているわけではない」

別の日銀幹部はこう説明する。

「(国債の)量を買うということはすでに長期金利をコントロールしているということだ。もとをたどれば、日銀券ルールを外して以降はずっとそうなのだ」

長期国債の保有を日銀券の発行残高以内とするのが日銀券ルール。銀行券ルールともいうが、黒田日銀は発足時にこの内規に縛られないことを表明している。そもそもこの決まりは、日銀が財政の穴埋めをしているのではないということを明確にするためのものだったのだが、黒田は「自主的な国債買い入れは財政ファイナンス(赤字の穴埋め)ではない」「このルールがないと財政ファイナンスになるというわけではない」などと繰り返している。

その始まりがいつにせよ、長期金利という国家財政を裏で支える重要な要素をコントロールする力がどこにあるのかはYCCで明確に宣言された。それは財務省ではなく中央銀行の仕事だと。これもアベノミクスの隠れた一大事なのかもしれない。

エピローグ

海図なき航海

春浅い三月。街を抜ける風は、それでも季節の変わり目が近いことを感じさせた。

二〇一八年三月一九日夕方。東京・日本橋本石町の日本銀行本店九階の通称「大会議室A」に職員が集まってきた。日銀の中でも最も大きなこの部屋の天井は高い。窓もなくホテルの大広間のようだ。入行式や支店長会議にも使われる。

この日は二人の副総裁が退任する日とあって、大きな会議室が埋まるくらいの職員が集まっていた。一人は学者から転じた岩田規久男。もう一人は日銀生え抜きの中曽宏だった。

この二人が一日の仕事が終わる時刻を見計らい、職員の前で退任のあいさつをするのだ。特に多くの職員は中曽のあいさつを印象深く聞いた。

自らが入行した四〇年前に比べ様々な変化があったこと、変わらないのは日本銀行の建物と、「物価の安定と金融システムの安定を図る」という中央銀行の使命であること——などと述べながら、この副総裁は自らが好む「中央銀行の魂」という言葉を使ってこう訴えた。

「見た目はクラシックな本館も、免震工事で建物の強靭さが増すように、日銀もより強い組織へと進化を遂げていかねばなりません。そして私たちはそれに向けた強固な意志を持ち続けねばなりません。私はそうした資質を括った総称が中央銀行魂と呼べるものだと思うのです」

中曽はこう続けた。

「五年前、外から新しい正副総裁をお迎えしたときも、皆さんは不安だったと思いますが、私自身も、正直言って不安でした。自分に一三〇年余の歴史と伝統のあるこの組織の一体感を保っていく重い責任を果たしていくことができるだろうかと。日本経済が長い停滞から本当に抜け出していくことができるのだろうかと」

ここまで聞いたとき、多くの職員が、この五年間が日本の中央銀行にとって実に特異な日々であったことを再確認した。

ちょうど五年前も同じ部屋で新しい正副総裁の就任あいさつがあり、総裁になった黒田東彦と副総裁の岩田は、日銀の旧体制を激しく攻撃した。「今までのようなことをしていてはデフレからの脱却などできない」とあおられて組織は揺れた。インフレ目標の導入だけでも、多くの日銀マンにとっては価値観が一八〇度転換するに等しい大事件だったのだが、新しい総裁らはそれを二年で達成するという。

そういう大きな変化を志向するトップたちと旧来の価値観に染まった組織をつなぐという重責は、中曽が一人で担わねばならなかった。だからこそ、「行動原則」を策定し、「中央銀行の魂」という若い人たちがしり込みするような表現もあえて使ってきた。

五年を経て、中曽の正直な心情の吐露は会場に静かに伝わっていった。

中曽は最後にこう結んだ。

「五年前のこの場で、私は就任あいさつの中で皆さんに呼びかけました。明日の日本への架け橋を構築するために、どうか力を貸してくださいと」

「皆さんはその呼びかけに本当によく応え、新しい正副総裁をしっかりと支えてくださいました。おかげで日本銀行は中央銀行としての使命を果たし続けることができたと思います」

「日銀丸とその乗組員にとっては、この先も海図なき航海が続くかと思います。本日をもって私は下船をしますが、これからのつつがない航海、Bon Voyage を心よりお祈りしています。私が諸先輩から受け継いだ襷《たすき》を明日からは皆さんに託します。これからの日本銀行を、どうかよろしく頼みます」

「海図なき航海」というのは経済論評などでよく使われる表現。新日銀法の下で最初に総裁を務めた速水優が一九七一年のニクソン・ショック前後のことを書いた本のタイトルも『海図なき航海』だった。

実際、これから日本や世界の経済に何が起こるのかを正確に予測することなどはほとんど不可能に近い。「どこへ、どう向かっていけばいいのか」の航海図などない。「どこへ、どう向かっていくべきか」という、政治の世界に端を発したウィッシュ・リストがあるだけだ。

二〇一三年以降、政治の世界からそんなものを押し付けられ悪戦苦闘した日銀。中曽の言った「つつがない航海」とて、この先保証されているわけではない――。

会場にいたある中堅幹部はそんなことを考えながら、拍手で中曽の背中を見送った。

それから、時を置かず、中曽らの退任あいさつは職員用の行内サイトに全文掲載された。そこには中曽自筆のイラストがついていた。大海原をいく帆船。胴体には「日銀丸」の文字。「Bon Voyage」の添え書きもあった。少々あか抜けない図柄ではあったが、「中央銀行の魂」を口癖にした日銀マンらしいとある現役は受け止めた。

しかし、この先本当に日本経済を支える中央銀行であり続けられるのか。それは誰にも分からない。

変節なのか、進化なのか

二〇一二年一二月に安倍が政権復帰を果たしたとき、経済政策の理論的支柱を果たしたのは「リフレ派」と呼ばれる一群の人々だった。

彼らは「デフレは金融政策で解決できる」と安倍に献策し、「二%の物価上昇」を明記した日銀との共同声明を発出させるなど、アベノミクスのスタートをリードした。

しかし、大規模な金融緩和、日銀総裁の黒田がいう「異次元緩和」を実施しても、結局物価上昇は二%に届かなかった。当初は「二年でこの目標は達成できる」としていた黒田もこの目標を取り下げ、日銀自身も達成できるめどについては口をつぐむようになった。

かねてからリフレ派の主張に疑問を抱いていた多くの研究者や実務者は、この状況に「リフレ論は完敗した」と断じた。例えば、新日銀法下の最初の副総裁だった山口泰《ゆたか》は行内でも金融理論の第一人者と見られ、多くの後輩から「日銀の良心」と尊敬されていたが、一六年一一月に日本記者クラブで講演し、「これまでの結果は（リフレ的発想の）無意味さを雄弁に物語っている」とまで言い切った。

しかし、リフレ派は元気だ。

一九年五月二〇日の夜。首相官邸からほど近い繁華街。その一角の中華料理店に次々に集まる男たちがいた。

この会合の呼びかけ人は日銀審議委員の原田泰《ゆたか》。集まったのは副総裁の若田部昌澄、前副総裁の岩田ら。その中心にいたのは、スイスから帰ってきた本田悦朗だった。

内閣官房参与として、金融緩和の仕掛人の一人として、安倍政権の前半戦を官邸で過ごした本田は一六年にスイス大使に転出。三年間過ごして帰国してきたのだ。

この日は本田の歓迎会。リフレ派の学者らも参加しての会合になったが、「リフレ派に理解がある」とされた審議委員の政井貴子などには声がかかっていない。会合はやはり「純正リフレ派」だけのものだったようだ。

中華料理に舌鼓をうちながら、議論は勢い経済・金融政策になった。現職の日銀幹部は外部との会合でなかなか本心を語れない。しかし、副総裁だった岩田のように職を外れてしまえば、「職務上知りえた秘密」を除いて言論は自由だ。岩田は副総裁を辞したあと一八年に出した『日銀日記』(筑摩書房)の中で、政治家を実名で批判した。眉を顰《ひそ》める日銀の現役もいたが、本人は「本当のことを書いているだけ」と意に介していない。

リフレ派の人々の考え方にも濃淡はあった。金融政策を重視することに変わりはなかったが、一部には「もう二％を目指さなくてもよいのではないか」とする意見まで飛び出していた。

また「デフレ脱却のレジームが壊れた」とする主張も聞かれた。人々が「この程度物価が上がるのではないか」というのが予想インフレ率だが、消費税率引上げなどが経済にインパクトを与えたため、それがほとんど上昇しなかったというわけだ。

「レジームを再構築するには、日銀法を再改正して物価安定目標を定めるなどと明記するとか、一三年の共同目標を改定して二％を日銀だけでなく政府全体の目標にするとか、方法はいくらでもある」

この会合に参加した一人はこう言う。

ただ、共通するのは「財政の重要性」だった。一九年一〇月には消費税増税が控えていた。「消費税率引上げを凍結するべし」という意見が、食卓の上を飛び交った。

リフレ派が「金融政策でデフレは解消できる」という当初の楽観的な主張を繰り返すことはもはやない。「財政政策」との融合を目指して、理論的な体系化を急いでいる。それを変節というのか、進化というのか。評価は分かれる。

しかし、一つだけ確実なことがある。それはあれだけ「物価上昇率二％」にこだわっていたアベノミクスの生みの親である張本人、首相の安倍がすでに物価上昇に関心を失っているように見えることだ。

アベノミクスの成果を問われれば、安倍は躊躇なく雇用市場をめぐる統計指標の数字が改善したことを挙げる。しかし、政権復帰直後の一三年一月、日銀との共同声明をつくる過程で、二%は「短期での達成が必要」との指示を出したのは安倍本人だ。

これも変節というのか、進化というのか。変節であれば、政治家ゆえに許されるのか。この点を大きな問題だとして取り上げる声は、あまり聞こえてこない。

時代は回る

二〇一九年七月二六日。日本列島に近づく台風の影響で、東京も夜から雨になったこの日は「七夕会」の日でもあった。

財務省主計局に勤務した経験のあるOBや現役が集まるこの会合は、名前の通り毎年この時期に開かれる。もともとは主計局内で職人芸的な技能を発揮する「ベテラン」とか「ノンキャリア」と呼ばれる人々が中心となった会合ではあったが、いわゆる「キャリア組」もかなり参加するので、日本の予算の作成者から決算という地味だが非常に重要な仕事の担当者まで、財務省で財政にかかわる、あるいはかかわった人々が集まる会合となっていた。

この日を楽しみにしていたOBや仕事を終えて駆け付けた現役たちが、あちらこちらで再開のあいさつを交わしていた。

会が始まり、あいさつに立ったのは主計局長の太田充だった。この年の初めに吉野良彦から名指しで批判を受けてから半年以上たっていた。

学校法人森友学園への国有地売却や文書改竄問題、次官に昇格していた福田淳一のセクハラ疑惑などで、財務省ではこの数年、国民の信頼を裏切る不祥事が連続して起こっていたが、ようやく落ち着きが戻ってきたのがこのころだった。

一月の吉野との出来事は省内にも広く伝わっていた。部下は上司の背中を見る。会場の視線を集めて太田はこういう趣旨の話をした。

「私は昭和五八(一九八三)年の入省で、昭和、平成、そして令和と主計局にいる。ただ、その間にグローバル化というものが猛烈な勢いで進んだ。変えなきゃいけないところは変えねばならない」

「昔から主計局では「要求なければ査定なし」と言われてきたが、これからはそれだけではだめだと思う。要求がなくても、主計局の責任で査定して予算を付けて行く必要があるケースもある。そうしないと時代の変化に対応できない」

太田のスピーチを聞いていた部下の一人はこう思った。

「吉野さんへの反論かな」

別の一人はこう考えた。

「昔のようなやり方で仕事をしていたら時代に取り残されるぞという警告だ」

太田のあいさつを聞いた官僚たちは台風を気にしていた。雨の激しくなる前に帰ろうとする者も少なくなかったが、残った者たちは一時だけ浮世を忘れて昔話に興じていた。

日銀が政府に従属したとの批判が絶えないインフレ目標設定から始まり、アベノミクスの政策遂行の過程で、統治機構の内部でもその権力構造は「官邸一強」へと大きく姿を変えた。

昭和の大蔵省時代から続く様々な不祥事で国民から不信のイエローカードを突きつけられたこの役所は、吹き荒れる台風のような大きな環境変化の中、くすぶる政策論争を抱えつつ暗中模索を続けている。

あとがき

「はじめに」との重複を覚悟でいくつか補足したい。

二〇一八年二月に前作『官僚たちのアベノミクス――異形の経済政策はいかに作られたか』を著して以降、多くの方から「あの後はどうなったのだ」との声をいただいた。「異形の経済政策」の生成過程を対象にしたので、安倍晋三政権発足直後の一三年央で報告が終わっているためだろう。

確かに物事の全体を対象にせねばジャーナリストとしての責任が果たせない。その後の政策展開に焦点を当てるとともに、前作で漏れてしまったテーマを含めて作業を始めた。

生来の怠け者ゆえ取材・執筆に時間がかかってしまったが、その過程でアベノミクスの本質部分が変化していることを改めて確認できた。また、「官邸一強」と呼ばれる環境下での政策の決め方が、内閣人事局の創設といった仕掛けと相まって、日本の統治機構全体に影響を及ぼしていった過程も記録できたと考えている。

そうこうするうちに、新型コロナウイルスの感染拡大が世界レベルで進行してしまった。日本でも私権制限を含む緊急事態宣言が出されるという異常事態を経験した。「こんなときにアベノミクスでもなかろう」という声も聞こえてきそうだ。

しかし、このウイルスにより日本経済が大きく落ち込み、アベノミクスの結末があいまいに、というよりもうやむやになってしまう恐れもでてきている今だからこそ、「誰が、何を」というファクト・ファインディングを判断材料として提供する重要性は一層増しているのだろうと思う。この経済政策が二〇一〇年代を特徴づけたものであればなおさらである。

お忙しい中取材に応じていただいた方々に、深甚の謝意を表したいと思う。多くが匿名を希望されたためここでお名前を出すわけにはいかないが、彼らの協力がなければこの報告が日の目を見ることはなかっただろう。前作に続き大阪経済大学の高橋亘教授にはゲラに目を通していただき重要なご指摘をいただいた。感謝したい。西野智彦、永野健二、村山治など時代を代表する優れたジャーナリストたちは、構造を切り取る作業で水先案内人の役割を果たしてくれた。彼らから受ける知的刺激は何物にも代えがたい。

岩波書店の上田麻里さんには今回もお世話になった。東京・神保町の岩波本社だけでなく、界隈のレストランや喫茶店で何度も議論を重ねたが、センスの良さと正鵠を得た指摘の数々は、拙稿のピンチをたびたび救ってくれた。

いつもながら私を励ましてくれる家族にも感謝したい。特に妻久美子の支えがなければここまで到達することはなかっただろう。改めてありがとうと伝えたい。

二〇二〇年五月　緊急事態宣言下、東京の自宅にて

軽部謙介

主要参考文献

＊本文で紹介したものを除く

太田康夫『日本銀行 失策の本質』(日本経済新聞出版社，2019年)
岡崎淳一『働き方改革のすべて』(日本経済新聞出版社，2018年)
奥山俊宏・村山治『バブル経済事件の深層』(岩波新書，2019年)
加藤創太・小林慶一郎編著『財政と民主主義』(日本経済新聞出版社，2017年)
金子勝・松尾匡著，立命館大学社会システム研究所編『ポスト「アベノミクス」の経済学』(かもがわ出版，2017年)
熊倉正修『日本のマクロ経済政策』(岩波新書，2019年)
小峰隆夫『平成の経済』(日本経済新聞出版社，2019年)
斉藤美彦・高橋亘『危機対応と出口への模索』(晃洋書房，2020年)
清水真人『平成デモクラシー史』(ちくま新書，2018年)
白川方明『中央銀行』(東洋経済新報社，2018年)
田中秀明『官僚たちの冬』(小学館新書，2019年)
中北浩爾『自公政権とは何か』(ちくま新書，2019年)
永野健二『バブル』(新潮社，2016年)
西田昌司『財務省からアベノミクスを救う』(産経新聞出版，2018年)
西野智彦『平成金融史』(中公新書，2019年)
野口悠紀雄『平成はなぜ失敗したのか』(幻冬舎，2019年)
野中尚人・青木遥『政策会議と討論なき国会』(朝日新聞出版，2016年)
塙和也『自民党と公務員制度改革』(白水社，2013年)
原真人『日本銀行「失敗の本質」』(小学館新書，2019年)
藤田知也『日銀バブルが日本を蝕む』(文春新書，2018年)
本田悦朗『アベノミクスの真実』(幻冬舎，2013年)
森功『官邸官僚』(文藝春秋，2019年)
山田久『賃上げ立国論』(日本経済新聞出版社，2020年)
山家悠紀夫『日本経済30年史 バブルからアベノミクスまで』(岩波新書，2019年)
読売新聞経済部『インサイド財務省』(中央公論新社，2019年)

軽部謙介
ジャーナリスト・帝京大学経済学部教授.
1955 年東京都生まれ.
1979 年早稲田大学卒業後, 時事通信社入社. 社会部, 福岡支社, 那覇支局, 経済部, ワシントン特派員, 経済部次長, ワシントン支局長, ニューヨーク総局長, 編集局次長, 解説委員長等を経て, 2020 年 4 月より現職.
著書──『Political Appointees』(フリープレス)
『日米コメ交渉』(中公新書, 農業ジャーナリスト賞受賞)
『検証 経済失政』(共著)『ドキュメント 機密公電』『ドキュメント ゼロ金利』『ドキュメント 沖縄経済処分』『検証 バブル失政』(以上, 岩波書店), 『ドキュメント アメリカの金権政治』『官僚たちのアベノミクス』(以上, 岩波新書)

ドキュメント 強権の経済政策
──官僚たちのアベノミクス 2　　岩波新書(新赤版)1833

2020 年 6 月 19 日　第 1 刷発行

著　者　軽部謙介《かるべけんすけ》

発行者　岡 本　厚

発行所　株式会社 岩波書店
〒101-8002 東京都千代田区一ツ橋 2-5-5
案内 03-5210-4000　営業部 03-5210-4111
https://www.iwanami.co.jp/

新書編集部 03-5210-4054
https://www.iwanami.co.jp/sin/

印刷・理想社　カバー・半七印刷　製本・中永製本

ISBN 978-4-00-431833-0　　Printed in Japan

岩波新書新赤版一〇〇〇点に際して

ひとつの時代が終わったと言われて久しい。だが、その先にいかなる時代を展望するのか、私たちはその輪郭すら描きえていない。二〇世紀から持ち越した課題の多くは、未だ解決の緒を見つけることのできないままであり、二一世紀が新たに招きよせた問題も少なくない。グローバル資本主義の浸透、憎悪の連鎖、暴力の応酬――世界は混沌として深い不安の只中にある。

現代社会においては変化が常態となり、速さと新しさに絶対的な価値が与えられた。消費社会の深化と情報技術の革命は、種々の境界を無くし、人々の生活やコミュニケーションの様式を根底から変容させてきた。ライフスタイルは多様化し、一面では個人の生き方をそれぞれが選びとる時代が始まっている。同時に、新たな格差が生まれ、様々な次元での亀裂や分断が深まっている。社会や歴史に対する意識が揺らぎ、普遍的な理念に対する根本的な懐疑や、現実を変えることへの無力感がひそかに根を張りつつある。そして生きることに誰もが困難を覚える時代が到来している。

しかし、日常生活のそれぞれの場で、自由と民主主義を獲得し実践することを通じて、私たち自身がそうした閉塞を乗り超え、希望の時代の幕開けを告げてゆくことは不可能ではあるまい。そのために、いま求められていること――それは、個と個の間で開かれた対話を積み重ねながら、人間らしく生きることの条件について一人ひとりが粘り強く思考することではないか。その営みの糧となるものが、教養に外ならないと私たちは考える。歴史とは何か、よく生きるとはいかなることか、世界そして人間はどこへ向かうべきなのか――こうした根源的な問いとの格闘が、文化と知の厚みを作り出し、個人と社会を支える基盤としての教養となった。まさにそのような教養への道案内こそ、岩波新書が創刊以来、追求してきたことである。

岩波新書は、日中戦争下の一九三八年一一月に赤版として創刊された。創刊の辞は、道義の精神に則らない日本の行動を憂慮し、批判的精神と良心的行動の欠如を戒めつつ、現代人の現代的教養を刊行の目的とする、と謳っている。以後、青版、黄版、新赤版と装いを改めながら、合計二五〇〇点余りを世に問うてきた。そして、いままた新赤版が一〇〇〇点を迎えたのを機に、人間の理性と良心への信頼を再確認し、それに裏打ちされた文化を培っていく決意を込めて、新しい装丁のもとに再出発したいと思う。一冊一冊から吹き出す新風が一人でも多くの読者の許に届くこと、そして希望ある時代への想像力を豊かにかき立てることを切に願う。

（二〇〇六年四月）